El manual de
I CHING

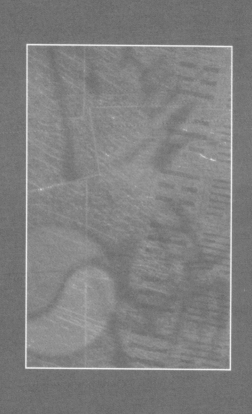

El manual de
I CHING

Guía paso a paso para aprender la sabiduría
de los oráculos

ROGER GREEN

PANAMERICANA
EDITORIAL

Green, Roger
    El Manual del I Ching / Roger Green. — Bogotá :
Panamericana Editorial, 2007.
        192 p. ; 19 cm.
        Incluye glosario.
        Incluye índice.
        ISBN 978-958-30-1715-5
        1. Tarot – Técnica 2. Adivinación – Manuales
3. I Ching – Manuales I. Tít.
133.33 cd 20 ed.
AJB2917

            CEP-Banco de la República-Biblioteca Luis Ángel Arango

Editor
Panamericana Editorial Ltda

Director Editorial
Conrado Zuluaga

Edición
Pedro José Román

Traducción
Marisa Ilona Schimd

Diagramación
Os process / Erick Rodríguez

The I Ching Workbook
Copyright© 2004 para el texto, las fotografías y el diseño: Lansdowne Publishing Pty Ltd. Creado y producido por
Lansdowne Publishing Pty Ltd., CEO: Steven Morris. Dirección electrónica: sales@lanspub.com.au
Texto: Roger Green
Ilustradores: Penny Lovelock y Corrie Cunningham

Primera edición en Panamericana Editorial Ltda, enero de 2007
Copyright© 2007 de la traducción, por Panamericana Editorial Ltda.
Calle 12 No. 34-20 Tel.: 3603077 Fax: 2373805
www.panamericanaeditorial.com
panaedit@panamericanaeditorial.com
Bogotá D. C., Colombia

ISBN: 978-958-30-1715-5

Impreso por Panamericana Formas e Impresos S.A.
Calle 65 No. 95-28 Tel.: 4302110 Fax: 2763008
Bogotá D. C., Colombia
Quien sólo actúa como impresor.

Impreso en Colombia   Printed in Colombia

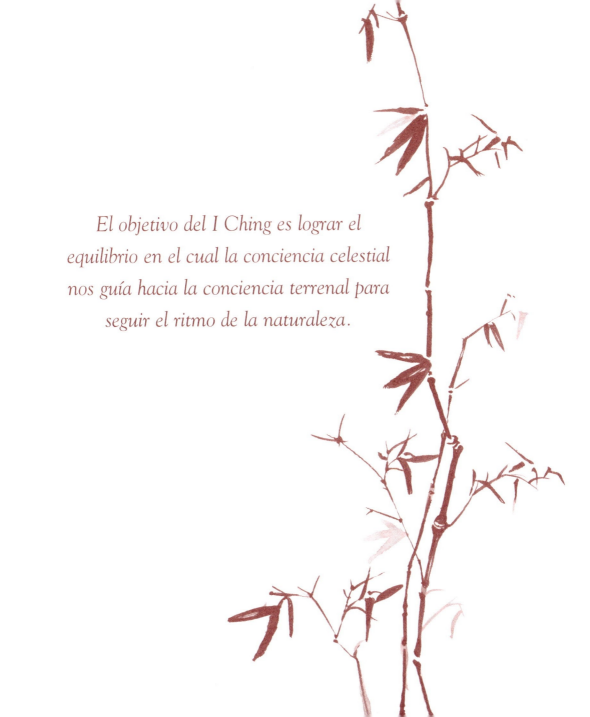

El objetivo del I Ching es lograr el equilibrio en el cual la conciencia celestial nos guía hacia la conciencia terrenal para seguir el ritmo de la naturaleza.

INTRODUCCIÓN

EL LIBRO CLÁSICO DE LA FILOSOFÍA ORIENTAL

El *I Ching** es un tesoro espiritual. Es uno de los libros más apreciados de la antigua literatura china. Es lírico e inspirador; su sabiduría puede transformar a quienes lo consulten. De acuerdo a la tradición, tiene sus orígenes en la más antigua práctica de la adivinación. El I Ching (pronunciado "Yi Jing"), se traduce literalmente como "el clásico del cambio"; el "I" significa cambios en el flujo de la energía de la vida y "Ching" significa clásico. Se le conoce como el libro de las mutaciones y es considerado como el más antiguo de la filosofía, cosmología, adivinación y autotransformación de la civilización china. El I Ching, a menudo, ha sido considerado como la columna vertebral de la medicina tradicional china, la cosmología oriental, la astrología, el *feng shui*, y tai chi chuan. Es uno de los pocos libros en haber escapado a la persistente destrucción intencional desde el primer emperador Chin en el tercer siglo a. C. hasta Mao Tse-tung en el siglo veinte.

El I Ching hace predicciones basado en la teoría de que la tierra es manifestación del **orden creativo universal**, el principio del orden en la naturaleza que describe las dualidades o ritmos de la vida, que se desenvuelven de la unidad del ser. Existen sesenta y seis unidades básicas de la adivinación, los **hexagramas**, que representan la suma de las fuerzas actuando sobre la tierra, el cielo y la humanidad en todo momento. Los hexagramas son ilustraciones de las experiencias arquetípicas.

Uno de los aspectos más fascinantes de la filosofía taoísta china, resaltada por el I Ching, es la interrelación que existe entre aspectos de la vida que normalmente no asociamos con nosotros. Todo lo que existe está relacionado entre sí de una manera significativa, ya que la creencia es que todo en el universo proviene de "un entero".

*Los términos en el glosario (páginas 185-187) son resaltados en negrilla cuando aparecen por primera vez.

ORÍGENES

El I Ching es la esencia de la filosofía taoísta china, creada hace unos 6.000 años. Parece que el texto del I Ching proviene en gran parte de la sabiduría oral, que fue reunida y escrita, mejorada y pulida a lo largo del tiempo para crear un sentido de unidad y de propósito.

Así como el Pentateuco fue originalmente atribuido al gran líder Moisés, el I Ching se atribuye a los grandes líderes de la historia china, como Fu Xi (Fue Hsi), el legendario y audaz Emperador Wen Wang, y el Duque de Chou. El I Ching se desarrolló durante la dinastía Chou y a veces se le conoce como el "Chou I", fue durante este tiempo que el Emperador Wen Wang, fundador de la dinastía Chou, reorganizó las sesenta y cuatro unidades de la adivinación y escribió los juicios o comentarios para cada hexagrama. Su hijo, el Duque de Chou, añadió comentarios a cada línea de cada hexagrama y desarrolló el concepto de las **líneas mutantes** sobre las cuales leeremos en este libro.

Como muchas épicas nacionales, la autoría del I Ching le pertenece a una comunidad china de épocas antiguas. No es únicamente una expresión de historia china; se ha convertido también en la característica intrínseca del pueblo chino y ha sido la fuente de inspiración para la gente oriental por muchos siglos.

El I Ching ha jugado un papel considerable en la formación de las artes de la alquimia y de la medicina. Éstos son los productos de experimentación de varios siglos, de investigaciones, de desarrollo y también forman parte del shenmiwenhua ("cultura misteriosa") de la China, interesado en lo mágico, misterioso y milagroso. El I Ching es considerado como parte de los ocho "rayos" de la medicina tradicional china: acupuntura, medicina herbal, ejercicio chi (artes marciales y qi gong, por ejemplo), energética nutricional, aplicación de calor, meditación, astrología y feng shui. Es el *opus magnum* de la metafísica oriental.

ESTRUCTURAS DE ENERGÍA

El I Ching contiene la riqueza del conocimiento taoísta y revela la estructura y el pulso de la vida. El taoísmo, junto con el confucionismo y el budismo, es una de las tres grandes filosofías de la China. *Tao* puede traducirse como "sendero". El I Ching contiene las nociones taoístas de la unidad y de que todo en el universo es parte de una continuidad. La sabiduría taoísta antigua resaltó la naturaleza "real" del ser humano y desarrolló un idioma para explicar su mecanismo. El I Ching es el resultado de estas investigaciones.

El concepto de *sincronicidad* (una palabra adoptada por Carl Jung de sus estudios del I Ching) y lo que se denomina *ying*, o resonancia, es el fundamento del I Ching. Una de las suposiciones más importantes de éste es que todo lo que sucede está relacionado de manera significante, y lo que surge en determinado momento comparte la importancia de ese momento. Los eventos ocurren, no sólo simultáneamente, sino también en una interrelación significante. En el mundo todos los fenómenos se relacionan, son una parte de la estructura del universo en ese momento.

Esencialmente, el I Ching identifica las estructuras de energía universal que actúan dentro del mundo. Refleja la creencia de que el mundo se encuentra en un estado permanente de flujo o cambio. Todo está constantemente evolucionando, naciendo, creciendo, llegando a la madurez, decayendo y muriendo. El mundo siempre cambia en estructuras complejas, de manera ordenada y rítmica.

Las descripciones del I Ching sobre estas estructuras son expresadas en un lenguaje altamente simbólico, alusivo y evocativo que conduce hacia la sincronización de todas las cosas. El mundo, visto por el I Ching, es como un telar de numerosos hilos, entrelazados orgánica y sincrónicamente, sin ninguna relación clara de causa y efecto.

Existe algo oscuro que es completo,
anterior a la existencia del cielo y la tierra:
tranquilo, callado e inmóvil solo y sin ningún cambio,
penetra todo sin ningún riesgo.
Lao Tzu, *famoso sabio taoísta (604-531 a. C.)*
TAO TE CHING

UN MENSAJE UNIVERSAL

Cuando usted trabaja con el I Ching, pronto se dará cuenta de que su sabiduría es universal y que se puede utilizar independientemente del contexto de la cultura china. A pesar de su antigüedad, el I Ching sigue siendo completamente relevante en el mundo moderno y ha asombrado a muchas generaciones por la vigencia de sus respuestas. Es como un amigo de confianza que siempre le dará consejos honestos. El I Ching ofrece una guía en la vida diaria y nos ayuda a determinar acciones favorables y evitar las conductas desfavorables.

El I Ching es un oráculo donde podemos recibir información del mundo espiritual. Es un texto de adivinación y también un instrumento para desarrollar la intuición y percepción, es una guía para la reflexión y una fuente de inspiración inagotable. Consultar el I Ching eleva su mente y lo ayuda a conectarse con las esferas superiores de la sabiduría desde las cuales recibirá respuestas psicológicas que traspasan el entendimiento de la mente racional.

El I Ching es una colección de símbolos y prototipos, es la introducción a una manera de pensar simbólica. Es esencialmente práctico. Lo induce a formular preguntas y a trabajar descifrando los símbolos para obtener sus respuestas. Lo ayuda a darle sentido a las cosas, a explorar las verdades interiores y a conectarse con su propósito en la vida.

El objetivo del I Ching es contribuir a su verdadera formación como ser humano para que no se convierta en un producto social vacilante y un accidente cultural; a ser realmente consciente, autónomo, capaz de hacer el cambio y ejercer su libre voluntad. El I Ching se basa en las observaciones de la naturaleza y de la vida humana, en la interacción de las leyes universales y en el comportamiento individual. Enfatiza el cambio positivo como su concepto central en el desarrollo de la realización del individuo.

Resalta las tendencias ocultas de la mente humana hacia la luz de la conciencia para brindarnos una idea de las posibilidades que se encuentran a nuestro alcance y de la oportunidad para escoger el mejor rumbo para nuestras acciones. Nos ayuda a hacer lo mejor de nuestras vidas y a vivir en armonía con las circunstancias existentes, cualesquiera que sean.

ACERCA DEL LIBRO

El I Ching es un sistema de adivinación complejo. Combina la filosofía universal con el consejo. Cuando esté preparado para leer sus mensajes, podrá aplicarlos en muchos de los aspectos de su vida. Pero para poder leer estos mensajes tendrá que comprender primero las diferentes unidades del sistema del I Ching. Este manual lo guiará, paso por paso, por cada una de estas unidades. La estructura de este manual siguen estos pasos.

En todas las fases se proponen ejercicios que lo ayudarán a desarrollar sus habilidades para la comprensión y aplicación del I Ching. Estos ejercicios también lo ayudarán a comprender la universalidad del I Ching, el mensaje en el caso de su consulta personal y su función en un mundo donde todo —sea humano, natural, físico, espiritual y divino— está relacionado.

Paso 1. Aprenda acerca del concepto de energía. En la filosofía taoísta china existe una energía *qi,* que fluye a través de todas las cosas. Qi es el resultado de la interacción entre **yin y yang**, dos formas de energía opuesta. En el diagrama, observamos que yin es una línea discontinua y yang es una línea sólida (páginas 18-19).

Paso 2. Comprenda las combinaciones de la energía. Después del comienzo esencial del universo, los dos poderes primarios yin y yang interactuaron. Se produjeron cuatro combinaciones diferentes de energía. Cada una representada por un diagrama con dos líneas, discontinua para yin y continua para yang. La línea superior representa el cielo y la inferior, la tierra (páginas 25-27).

Paso 3. La suma del elemento humano. Más tarde, se añadió una línea en el centro de cada diagrama para representar a la humanidad, entre el cielo y la tierra. La figura de tres líneas, *trigrama*, es la unidad básica del I Ching (páginas 25-27).

Paso 4. Estudie los trigramas. Existen ocho trigramas, de todas las combinaciones posibles de las líneas yin y yang. Cada uno ha sido asociado con el elemento básico que refleja la calidad de su energía: cielo, tierra, trueno, viento, agua, fuego, montaña y lago. Tienen un significado simbólico y reflejan las manifestaciones física, psicológica, natural y social (páginas 44-79).

Paso 5. Explore el concepto del hexagrama. Los trigramas se han combinado en pares para formar los hexagramas, figuras de seis líneas. Existen sesenta y cuatro hexagramas. Cada hexagrama está asociado con el juicio o la evaluación, y tienen significado simbólico (páginas 28-31 y 104-177).

Paso 6. Consulte el I Ching. La persona que busca la sabiduría del I Ching debe escoger un hexagrama y leerlo para relacionarlo con su búsqueda (ver pasos 7 a 12). Encontrar el hexagrama relevante es complejo, pero la recompensa es grande (páginas 32-36).

Paso 7. Formule una pregunta. Quien consulta debe formular una pregunta que el I Ching le responderá (páginas 37-41).

Paso 8. Busque una respuesta. Las monedas o chaquiras son utilizadas por quien consulta para la búsqueda. Éstas producen seis líneas yin y/o yang (páginas 80-89).

Paso 9. Construya un hexagrama. Las líneas formarán uno de los sesenta y cuatro hexagramas, se consultará en una tabla el número de éste (páginas 80-89).

Paso 10. Lea el hexagrama. La persona que consulta lee el hexagrama relevante y relaciona su mensaje con la pregunta formulada (páginas 88 y 104-107).

Paso 11. Construya otro hexagrama. Algunos hexagramas originales podrán transformarse para formar uno nuevo. El consultante puede encontrar el número de este hexagrama y analizarlo. Le dará información adicional sobre el mismo tema (páginas 90-103).

Paso 12. Observe el hexagrama nuclear. El hexagrama original puede ser alterado para formar un hexagrama nuclear, revelando su significado oculto. Quien consulta puede encontrar el número del hexagrama y leer su significado (páginas 98-103).

Paso 13. Reflexione. El capítulo seis presenta unos pensamientos relacionados con cada hexagrama. Estos pensamientos sirven para reflexionar sobre el significado de cada uno y sobre los significados universales del I Ching (páginas 174-177).

CÓMO CREAR SU DIARIO PARA EL I CHING

Necesitará crear un diario para el I Ching que lo acompañará a través de su viaje a lo largo de este manual. Compre una libreta nueva con hojas en blanco. Escoja una especial; el diario le debe gustar mucho, debe ser de su especial agrado, ya que guardará sus pensamientos más profundos al igual que sus preguntas. Busque una tela limpia para envolver su diario, para luego guardarla en un lugar seguro y privado. Nuevamente, escoja una tela que le llame la atención, esta tela debe ser especial para usted, la escogencia del color y la textura deben ser realizadas con dedicación.

Utilice el diario para registrar las preguntas que formule y las respuestas que recibe durante las consultas del I Ching. Registre los eventos que suceden en el momento, escribiendo un relato lo más completo posible, sobre su vida emocional, física, intelectual y espiritual de ese momento.

Diario del I Ching

Fecha
Lugar
Situación

Ejercicios/Lecturas

Reflexiones

Acuérdese de registrar la fecha, lugar y situación. Registre sus respuestas a todos los ejercicios del manual en el diario.

Consulte el diario a medida que pase el tiempo. Estará fascinado con sus pensamientos y con las respuestas que ha encontrado. Consúltela nuevamente en los siguientes años. Encontrará que las preguntas formuladas anteriormente serán muy útiles para la consideración de los temas en su vida en diferentes etapas.

Una vez haya trabajado las páginas 37 a la 41 relacionadas con la formulación de las preguntas para el I Ching, utilice su diario para registrar sus primeros acercamientos a las preguntas. Vuelva a escribir las preguntas en su agenda las veces que sean necesarias. Más tarde, utilice este registro para que lo ayude a simplificar otras preguntas y reducirlas a los temas más relevantes para usted.

Escriba también su propia interpretación de las respuestas del I Ching y las acciones que crea que deberá emprender o evitar, para aplicar la sabiduría de la respuesta. Mientras escribe, reflexione sobre su disposición para saber más sobre su situación actual. Entre más cultive esa disposición para comprender su propia vida y la del mundo que lo rodea, más se desarrollará su mente.

CÓMO ESCRIBIR LOS NOMBRES

Existen variaciones en cuanto a los nombres en castellano para los elementos del I Ching, como los hexagramas y los trigramas. Estas variaciones surgieron porque los términos originales tuvieron que ser transliterados de los caracteres chinos a nuestro alfabeto. En este manual, se ha empleado la traducción reciente más aceptada, añadiendo una alternativa en paréntesis para los casos que impliquen cierta relevancia, por ejemplo, Qian (Ch´ien).

El I Ching desarrolla el sentido de la esencia real de la mente, o sea, una mente astuta, incorruptible, decisiva, sin ataduras, consistente, dedicada, objetiva, controlada, humilde, sincera, tolerante, libre del pensamiento compulsivo y satisfecha.

CAPÍTULO UNO

CONCEPTOS CLAVE DEL I CHING

Descubra la historia y la filosofía del I Ching. Aprenda sobre la energía universal, el yin y el yang, los trigramas y los hexagramas.

ENERGÍA UNIVERSAL: QI

La comprensión de los conceptos básicos de las interacciones de la energía es fundamental para apreciar el I Ching. Aunque varias culturas se han preocupado por la interacción de las energías, el concepto ha encontrado su expresión más sofisticada y organizada en el I Ching.

Existe una energía intangible, invisible pero poderosa que fluye a través de todo en el universo. En la filosofía taoísta china, la energía que fluye se llama qi, chi o ki y existen varios tipos de "cualidades" del qi, como el qi del cielo, el de la tierra, el humano, el personal y el del riñón. Qi reúne todo el fenómeno material y no material en creación. Es un estado universal que existe en todas partes.

Qi es considerado como una combinación de energías generadas por los equilibrios y tensiones mutantes entre la tierra y el cosmos. Se le puede definir de manera general como el movimiento de la energía o vibraciones no tangibles entre dos polos primarios en el universo, las energías del yin y del yang. Yin es pasivo, energía flexible, mientras que yang es la energía activa y firme (sólida).

Mientras que qi se entiende como un flujo de energía, también se le describe en términos de su "calidad". Las emociones, intelecto, atmósfera, temperatura, rasgos físicos, estimulaciones sensoriales y los colores son descritos en términos de su cualidad del qi o su equilibrio particular del yin o del yang. El qi del cielo es la energía del cosmos generada por la forma de la tierra, la fuerza de sus campos magnéticos y el efecto de la combinación de

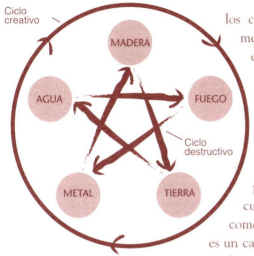

Ciclo
creativo

Ciclo
destructivo

Los cinco elementos

los cinco *elementos* chinos: tierra, madera, fuego, metal y agua. El qi humano es la energía generada en las interacciones sociales. La trinidad del cielo, la tierra y la humanidad, a menudo conocido como la trinidad china, es el fundamento del proceso de la adivinación en el I Ching. Existen niveles íntimos del qi, como el qi personal, que refleja la energía que se mueve a través del cuerpo, los pensamientos, las emociones y la personalidad. Cada órgano en el cuerpo tiene su cualidad particular del qi. El qi es considerado como la esencia de nuestra vida. Nuestro cuerpo físico es un campo de energía en constante movimiento (estos senderos y efectos son estudiados en la acupuntura).

El I Ching reconoce la necesidad de cada ser humano de experimentar individualmente las relaciones entre las energías de la vida. Esto es fundamental para lo que se denomina acercamiento espiritual a la vida. Es ésta la percepción de la realidad energética que trae el misterio y el placer a nuestras experiencias. Este tipo de comprensión nos amplía la visión y nos proporciona un acercamiento abierto a las circunstancias de la vida. Comenzamos a ver la conexión entre mente y cuerpo, vida y muerte, verano e invierno y lo racional e intuitivo de todo. Es ésta la receptividad que necesitamos para acercarnos al trabajo del I Ching.

El gran camino no es difícil para aquellos que no tienen preferencias. Cuando se carece de amor y de odio, todo se vuelve claro e inconfundible. Sin embargo, haga la más mínima distinción y así el cielo y la tierra serán apartados infinitamente. Si desea ver la verdad, entonces no manifieste una opinión a favor o en contra. La batalla sobre lo que a uno le gusta o disgusta es la enfermedad de la mente.
EL LIBRO DE LA CREENCIA VERDADERA POR EL MAESTRO SOSAN

YIN Y YANG

En la filosofía taoísta china, la fuerza de la vida, qi, fluctúa entre las dos fuerzas opuestas del yin y del yang, y es estimulada por la interacción entre ellas. El yin y el yang son grandes fuerzas primordiales de la naturaleza, son complementarias y antagónicas, forman un constante ciclo de regeneración y degeneración. Ellos gobiernan el ciclo del nacimiento, crecimiento y decaimiento de lo material, mental y espiritual. Esta alternancia regular entre las energías del yin y del yang es un proceso fundamental de existencia.

Aun el mundo fenomenal, de acuerdo con la filosofía taoísta china, fue creado por la interacción del yin y yang. El estado yang del tai chi, o el gran esencial, surgió espontáneamente del yin wu chi, o de la nada esencial.

UNA COMBINACIÓN EQUILIBRADA

El yin y el yang no están descritos con precisión, pero en el nivel más básico, yin corresponde a lo femenino, la energía pasiva, la flexibilidad, mientras que yang corresponde a lo masculino, la energía agresiva, la firmeza de la voluntad. La mezcla correcta de yin y de yang es considerada importante para la vida social y espiritual.

Un ser completo, o ser humano verdadero, es considerado una combinación equilibrada de dos niveles de experiencia. Mantenemos contacto con la dimensión de nirvana superior y extensa, o con una experiencia iluminada de la conciencia, mientras que al mismo tiempo vivimos en el dominio terrestre. Éste es el significado de la unión del yin y el yang que es expresada en la frase taoísta: "Encontrarse más allá del mundo mientras se vive en el mundo".

El principio del yin y el yang, como se define en el I Ching, es llamado por la medicina tradicional china la columna filosófica.

Permita que usted y su atención sean fluidas. Siga el movimiento.

UN ESTUDIO DEL CAMBIO

Esencialmente, el I Ching es el estudio del cambio, el cual los chinos antiguos redujeron a los conceptos más simples: yin y yang. Por miles de años, el ser humano ha intentado entender el cambio, desde el interior y el exterior, para alcanzar la armonía mental. Esto nos evita ser rígidos para que podamos fluir con el cambio sin oponer resistencia. En la filosofía taoísta china, el cambio es el proceso de yin transformándose en yang, y yang transformándose en yin. Las estructuras del cambio no son más que combinaciones del yin y el yang en el proceso de transformación.

En el I Ching, yin es simbolizado como una línea discontinua y yang, como una línea continua. Éstas son descritas como líneas firmes y ligeras (yang) o líneas oscuras y flojas (yin). Un círculo blanco indica yang, un círculo sólido y oscuro representa el yin.

Yin

Yang

Esto podría denominarse el sistema binario de operación del universo. No existe un simbolismo más condensado que una línea discontinua y una continua. Concepto que se aplica desde los aparatos más simples hasta los más complejos sistemas operativos.

Yang	Yin
Línea continua	Línea discontinua
Cielo	Tierra
Principio masculino	Principio femenino
Actividad	Pasividad
Movimiento	Quietud
Calor	Frío
Exterior	Interior
Externo	Interno

Yang	Yin
Arriba	Abajo
Arriba	Abajo
Energía total	Energía potencial oculta
Luz	Oscuridad
Calor	Frialdad
Sequedad	Humedad
Dureza	Suavidad
Agresión	Flojo
Números impares	Números pares
Verano	Invierno
Juventud	Edad madura
Incremento	Disminución

El I Ching se piensa como un lenguaje de cambio y movimiento continuo. La inhalación y exhalación de su cuerpo puede considerarse como una microexpresión de la expansión y contracción del universo. Somos una manifestación energética y vibrante del cosmos, y como tal, estamos sujetos a cambios. Aprender este lenguaje le permitirá reforzar y afinar su voluntad para cambiar, y le mostrará lo que sucede en su vida. Después de estudiarlo, se convertirá en una herramienta invaluable

El qi fluye prósperamente alrededor de sus plantas, particularmente en aquellas con hojas redondeadas. En un espacio grande con pocos muebles, la energía puede sentirse desequilibrada por exceso de yin (espacio) dominando el poco yang (muebles). La energía se sentirá disipada y plana. En un espacio pequeño y lleno, la energía se siente desequilibrada por la disminuida presencia del yin (espacio) dominado por el exceso de yang (muebles). La energía se sentirá oprimida e inquieta. En un espacio oscuro, la energía será yin (pasiva).

EJERCICIOS DEL MANUAL

1. El siguiente ejercicio le ayudará a identificar la calidad de energía que fluye a través de su cuerpo. Trate de establecer cuál de los siguientes órganos tienen la cualidad de energía yin o yang. Los órganos densos y compactos son yin, mientras que los órganos yang son huecos y largos. Por ejemplo, el hígado es yin, la bilis es yang. Escriba sus respuestas en su diario.
   - Corazón
   - Intestino delgado
   - Bazo
   - Estómago
   - Pulmones
   - Intestino grueso
   - Riñones
   - Vejiga

   Ver página 184 para respuestas.

2. Usted también puede encontrar los efectos yin y yang en su ambiente. En su diario del I Ching, escriba las cualidades yin y yang en su ambiente de trabajo y en el de la casa. Por ejemplo:
   - ¿En dónde se encuentra la energía de movimiento rápido?
   - ¿En dónde se encuentra la energía pasiva?
   - ¿En dónde se encuentra la luz?
   - ¿En dónde se encuentra la oscuridad?
   - ¿En dónde existe humedad?
   - ¿En dónde existe ruido?

Las esquinas crean un qi de movimiento rápido que es incómodo y se considera negativo.

EL FUNDAMENTO DEL I CHING

El I Ching es formalmente atribuido a Fu Xi (Fu Hsi) (2953-2838 a. C.), uno de los grandes y legendarios emperadores de China, y una de las figuras más importantes en la cultura mitológica. Se cree que fue él quien formuló el concepto de los trigramas, o *gua*, el fundamento del I Ching como un sistema filosófico y de adivinación. Estos trigramas fueron revelados a Fu Xi sobre el caparazón de una tortuga.

Existe evidencia arqueológica de que hace aproximadamente 4.000 años la gente en Mongolia, Tibet, China e India, calentaban los caparazones de las tortugas con carbones ardientes y, de las grietas y figuras que salían de este calentamiento, adivinaban el futuro. Esto es conocido como *quelonomancia* (adivinación sobre el caparazón de la tortuga). Se creía que la tortuga poseía esta fuerza misteriosa del oráculo porque vivía más años que otros seres.

En la creencia china, el caparazón de la tortuga es un símbolo de longevidad, de felicidad y también es considerado como el hogar de la divinidad. Fu Xi quedó impactado por las inusuales marcas en blanco y negro sobre el caparazón, las cuales consideró como una señal del cielo. Él instruía a sus alumnos para utilizar los caparazones como un punto de referencia para organizar y desarrollar ideas que incorporaran sus experiencias, observaciones y conocimientos.

Las marcas revelaban una simetría sorprendente. El caparazón tenía la apariencia de una retícula dividida en nueve cuadros iguales, formados por tres columnas y tres filas. Cada cuadro contenía un número determinado de puntos, de uno a nueve. La suma de los números de cada columna y fila, así cómo de las diagonales, era el mismo número: 15.

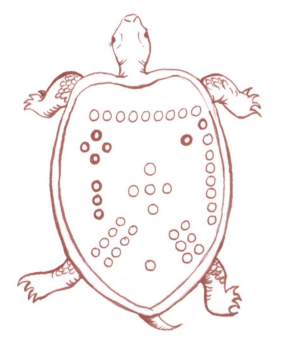

4	9	2
3	5	7
8	1	6

Como podemos ver en la ilustración, el cuadro central corresponde al número 5. Esta disposición se llama Lo Shu o cuadrado mágico.

4 madera	9 fuego	2 tierra
3 madera	5 tierra	7 metal
8 tierra	1 agua	6 metal

El cuadrado mágico

ELEMENTOS Y NÚMEROS

En la configuración de Fu Xi del diseño del caparazón, el número central, 5, simboliza la tierra y el número de los elementos o fuerzas de la naturaleza que están en un estado de constante movimiento. Se cree que todo sobre la tierra, incluyendo a los seres humanos, está conformado por una combinación de los cinco elementos: metal, agua, madera, fuego y tierra.

Fu Xi consideró que la ubicación equilibrada de los nueve números es de inspiración divina. El cuadro central de los nueve cuadros representaba el equilibrio entre la tierra y cielo, mientras que cada uno de los ocho cuadros que lo rodean, corresponden a una de las ocho manifestaciones grandiosas de la energía natural.

La configuración de los ocho cuadros y su número correspondiente se conoce como la tabla universal, que representa el universo y la vida, y también se conoce como *bagua*. La configuración de los trigramas era diferente antes y después de la dinastía Han (206 a. C.-220 d. C.). Anterior a esta época, los cuadros eran dispuestos en la secuencia del cielo temprano, mientras que la secuencia del cielo tardío fue utilizada después de este tiempo. La secuencia del cielo tardío es una de las más utilizadas en tiempos modernos, especialmente en la práctica del feng shui.

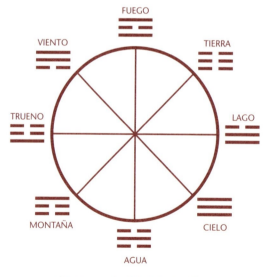

La secuencia del cielo tardío

ORIGEN DEL CONCEPTO DEL TRIGRAMA

En la antigua cosmología china, después del comienzo esencial fueron creadas las dos energías primarias del cielo (yang) y de la tierra (yin) (ver páginas 18-20). Se creía que cuando éstas interactuaban, producían cuatro combinaciones complejas de energía.

Cada combinación era simbolizada por dos líneas: continua para yang y discontinua para yin:

Viejo yang	Joven yang	Joven yin	Viejo yin

Estas combinaciones indicaban la interrelación entre el cielo y la tierra. La línea superior de cada combinación era la línea del cielo y la línea inferior, la de la tierra.

Luego se añadió una tercera línea a cada combinación, que aseguraba el principio de la trinidad de la unidad cósmica, o los tres tesoros, cielo, tierra y humanidad (*san cai*). Esta línea debía ir en la mitad de cada combinación como línea central, representando la humanidad. El resultado fueron ocho combinaciones de tres líneas, o trigramas. Cada una representaba uno de los cuadros del caparazón visto por Fu Xi. En un extremo del espectro, el trigrama tenía tres líneas discontinuas, representando el yin, y en el otro el trigrama con tres líneas continuas, representando el yang. Hay ocho trigramas que forman el número total de posibles combinaciones de las líneas yin y yang:

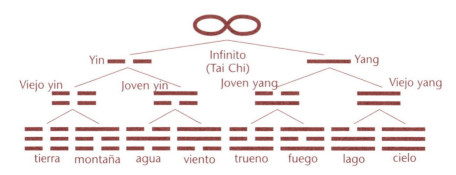

La trinidad de cielo, tierra y humanidad.
Los trigramas representan la realidad de nosotros como seres humanos que nos encontramos entre el cielo y la tierra.

"Uno produce dos; dos produce tres; tres es la manifestación de todas las cosas posibles".
LAO TZU, TAO TE CHING

Cada uno de los trigramas fue asociado con un elemento básico que reflejaba la cualidad de su energía: cielo, tierra, trueno, viento, agua, fuego, montaña y lago. La tabla en la parte inferior, resalta los aspectos más importantes de éstos. Se creía que los ocho trigramas podían descifrar los procesos divinos de la naturaleza y ayudar en la comprensión del carácter de todo, se podían utilizar para explicar la existencia de todas las manifestaciones físicas, psicológicas, naturales y sociales. Fu Xi llamó a estos patrones de interacción entre los trigramas las leyes de los cambios o los principios del universo.

LOS OCHO TRIGRAMAS

Los ocho trigramas, cada uno formado por combinaciones de tres líneas continuas o discontinuas, están asociados con varios aspectos y elementos del mundo, cada uno es tradicionalmente llamado con un nombre específico y asociado con distintivas connotaciones, correspondencias o resonancias simbólicas. Particularmente, cada trigrama corresponde al nombre de un fenómeno natural que refleja la cualidad energética particular del trigrama, como el cielo, la tierra, la montaña o el fuego. Esta tabla resalta aspectos importantes de cada trigrama (ver Capítulo tres, páginas 44-79).

Nombre de trigrama (Español)	Nombre de trigrama (Chino)	Trigrama	Aspecto simbólico	Forma asociada
Cielo	Qian	☰	El iniciado	○
Tierra	Kun	☷	El que responde	□
Trueno	Zhen	☳	Lo que surge	∪
Viento	Xun	☴	Lo penetrante	⋏
Agua	Kan	☵	Lo cauteloso	▽
Fuego	Li	☲	Lo adherente	△
Montaña	Gen	☶	La quietud	∩
Lago	Dui	☱	La alegría	⋎

LOS HEXAGRAMAS

El texto del I Ching está dividido en sesenta y cuatro capítulos, cada uno corresponde a un hexagrama. La palabra es derivada de la palabra griega *hexa* ("seis") y *gramma* ("algo escrito"). Cada hexagrama está basado en un principio espiritual específico.

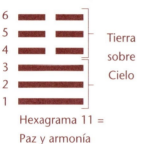

Hexagrama 11 =
Paz y armonía

Un hexagrama es un conjunto de seis líneas, formado de dos trigramas. El trigrama inferior, indica la causa de la situación y se relaciona con lo que está sucediendo en el mundo terrenal. El trigrama superior o primero, tiene que ver con las apariencias superficiales del tema y se relaciona con lo que sucede en el mundo divino o celestial.

El ciclo completo de las ocho fases yin y yang. Este diagrama ilustra la combinación de los ocho trigramas para hacer los sesenta y cuatro hexagramas, basados sobre la secuencia del cielo temprano.

LO QUE NOS REVELAN LOS HEXAGRAMAS

En el texto del I Ching, cada hexagrama está asociado con una evaluación, junto con una imagen e información complementaria relacionada con cada línea. El estilo distintivo del I Ching es de frases cortas, que revelan la más mínima información y permite que el lector utilice su propio conocimiento para adaptarlo al contexto. Por ejemplo, vea el hexagrama 11 (página 120). Este es uno de los hexagramas más favorables y es llamado "Paz". La evaluación para este hexagrama habla de la despedida de lo pequeño y de la llegada de lo grande, prediciendo la buena suerte y el éxito. La imagen es la unión entre cielo y tierra. Para familiarizarse con los principios de los sesenta y cuatro hexagramas, vea las páginas 110-173, donde encontrará un resumen del significado de cada hexagrama.

ORÍGENES DE LOS HEXAGRAMAS

No está claro quién desarrolló los sesenta y cuatro hexagramas a partir los ocho trigramas. Las tradiciones más antiguas le atribuyen el desarrollo a Fu Xi o al Emperador Wen, fundador de la dinastía Chou. Es posible que Fu Xi haya sido el responsable de la creación de éstos. Se cree que existían diferentes arreglos de los hexagramas mucho antes de que el Emperador Wen volviera a disponerlos en la forma actual. Se dice que el Emperador Wen, fue responsable de los juicios adicionados (*Kua T'uan*). El *Ta chuan* ("Gran comentario") ofrece evidencia que defiende esta idea.

La escritura de los juicios fue hecha durante un tiempo de gran inestabilidad, de la batalla entre el Emperador Wen y el tirano Chou Hsin. El Emperador Wen fue encarcelado por siete años, y se cree que él, un gran adivino, pasó sus días en la cárcel trabajando en el arreglo y escribiendo los comentarios sobre los sesenta y cuatro hexagramas del I Ching. Cada hexagrama aparecía escrito en forma ordenada sobre la pared de la prisión como una visión, haciendo creer que el arreglo actual de los hexagramas y sus comentarios correspondientes son algo más que el producto de la sabiduría humana. Es interesante ver que los juicios a menudo alertan sobre peligros e inestabilidad, reflejo de aquella época turbulenta.

USO DE LOS HEXAGRAMAS

El conjunto de los hexagramas puede ser utilizado como un oráculo. Para acercarnos a los hexagramas, teniendo este propósito en mente, debemos atender los siguientes pasos:

1. **Formule mentalmente una pregunta**. Para buscar maneras de formular las preguntas correctas y para prepararse en la sabiduría del I Ching, vea el Capítulo dos.
2. **Utilice las monedas o chaquiras para buscar una respuesta**. Al tirar las monedas o chaquiras, mientras piensa en su pregunta (ver páginas 80-87), puede obtener una respuesta que consiste en seis líneas yin y/o yang.
3. **Construya un hexagrama de estas líneas (ver página 88)**. Éste representará la respuesta a su pregunta.
4. **Comience a interpretar la respuesta** buscando el número del hexagrama que ha construido (ver la tabla en la página 192).
5. **Encuentre la descripción de su hexagrama** en el capítulo seis, donde se encuentran las claves para cada hexagrama.

El hexagrama podrá:
- Mostrar el estado de juego entre el universo y usted.
- Ayudarlo a comprender su situación.
- Darle una indicación del sendero que deberá tomar para lograr su meta.

LOS TRES TIPOS DE HEXAGRAMA

- El *ben gua*, que es el primer hexagrama u original, que se construye como respuesta a la pregunta formulada al I Ching.
- El *zhi gua*, un *hexagrama progresado*, que se construye si el primer hexagrama contiene líneas mutantes (ver páginas 90-97). Le dará mayor información acerca de su situación y podría representar su futuro inmediato.
- El *hu gua*, o *hexagrama nuclear*, que se construye de dos trigramas de las cuatro líneas centrales del primer hexagrama (ver páginas 98-102). Le dará un mayor entendimiento hacia el profundo significado de la situación.

EJERCICIOS DEL MANUAL

1. Practique sus poderes de intuición cuando aprenda acerca de los hexagramas. Mire el capítulo seis, en donde encontrará la definición de todos los sesenta y cuatro hexagramas. Pase las páginas hasta que encuentre un hexagrama que sea de su agrado o que le llame la atención. Lea su mensaje. Ahora, responda estas preguntas en su diario del I Ching:

   • ¿El mensaje del hexagrama refleja su situación actual en la vida? Si lo hace, entonces escriba las similitudes entre el mensaje y su situación.

   • ¿Es un estado que usted desea conseguir?

   • ¿Le plantea algún reto?

   • ¿Por qué le llamó la atención este hexagrama?

   • ¿Está venciendo obstáculos o se encuentra en un sendero de progreso?

2. Ahora, regrese al capítulo seis y familiarícese con las formas, nombres y significados de todos los sesenta y cuatro hexagramas. Mientras hace esto, registre en su diario del I Ching cualquier pensamiento o iluminación interesante que tenga.

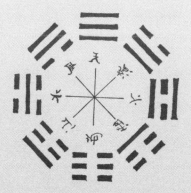

Secuencia del cielo temprano

Secuencia del cielo tardío

CAPÍTULO DOS

CONSULTAR EL I CHING

Aprenda a consultar el I Ching. Cómo honrar el oráculo, esclarecer su mente y prepararse a sí mismo y a su espacio. ¿Qué preguntas debe formular?

La filosofía taoísta china nos enseña que en nuestras acciones, pensamientos y sueños existimos en el mismo universo como todo lo demás que se encuentra fuera de nosotros. Existe una simpatía sincronizada entre nosotros y este mundo. Tanto el microorganismo del individuo como el macroorganismo del universo existen de manera simultánea, obedecen las mismas reglas y tienen un origen común. Existe una relación entre todas las cosas, sin importar su tamaño. Cuando consultamos el I Ching, estamos penetrando la relación del movimiento de energía cíclico, tal como se encuentra en ese momento en relación al tiempo y espacio. Estamos entrando en la energía del universo que refleja las estructuras de energía en nuestra vida.

Cuando buscamos la sabiduría del I Ching, obtenemos un reflejo de lo que sabemos por intuición, buscamos la sabiduría que se encuentra escondida.

Consultar el I Ching nos ayuda a:
- Agudizar nuestra intuición.
- Cultivar la meditación en nuestras vidas.
- Estar más alerta, anticipando problemas que resultarán a lo largo de nuestro camino.
- Liberarnos de los problemas que aparecen.
- Escoger un sendero a través de la vida, tomando decisiones acerca de negocios, relaciones, carreras profesionales y salud.
- Obtener pistas acerca de nuestro futuro o suerte.

HONRAR EL I CHING

Para utilizar el I Ching como una invaluable herramienta para la comprensión de sí mismo y de su mundo, tendrá que aprender cómo acercarse correctamente a él. Este proceso es tanto una técnica como un arte. Con el tiempo y con las herramientas apropiadas, desarrollará la habilidad de utilizar el I Ching para su enriquecimiento personal. Este manual le ofrece algunas herramientas para desarrollar esta técnica.

El principio fundamental es el siguiente: si usted desea que el I Ching le responda, deberá permitir que lo escuche con claridad. Acérquese a él de manera sincera y formule la pregunta que expresa de manera simple y sin confusión el tema que lo preocupa. Esta es la forma por medio de la cual el I Ching lo recibirá.

Despeje su mente de otras preocupaciones e intereses. Entre menos esté la mente enredada con problemas cotidianos y pensamientos perturbadores, más fácil será para usted penetrar la sabiduría del mundo espiritual. Este libro le enseñará a utilizar la meditación y otras prácticas para despejar su mente y crear líneas de comunicación abiertas con la sabiduría del I Ching.

BENEFICIOS DE LA CONSULTA DEL I CHING

El I Ching se comunica con todo el mundo. Es la voz de antiguos sabios que incorporaron miles de años de observaciones cuidadosas del mundo. Su sabiduría es universal.

Al realizar la acción correcta después de una consulta con el I Ching, usted podrá determinar su propio destino. Con todo lo que usted desea saber, le ayudará, en especial si sus intenciones son éticas y está dispuesto a aceptar cualquier respuesta que le proporcione. Deje a un lado sus temores y deseos; acepte el reto del I Ching. Sea valiente.

En algunas ocasiones, su intuición puede ser fuerte y tendrá toda la confianza para tomar decisiones difíciles. Sin embargo, podría beneficiarse consultando el I Ching. Ampliará su conocimiento y valoración sobre las personas y eventos en su vida, le permitirá estar más atento a las verdades universales que son el fundamento de su propia vida, de la vida de otros seres y de las cosas naturales.

ESCLARECER SU MENTE

A continuación veremos una técnica que lo preparará para acercarse al I Ching. Se trata de una meditación que despejará su mente de preocupaciones pequeñas y que le proporcionará receptividad para la sabiduría que está a punto de conocer. En las siguientes páginas también aprenderá cómo conseguir el espacio para este propósito.

PREPARAR UN PEQUEÑO ALTAR

Prepare un pequeño altar para honrar lo espiritual que se encuentra dentro de usted y el mundo. Coloque tres vasijas pequeñas en la mitad de una mesa con mantel. Luego proceda de la siguiente manera:

1. Coloque un poco de arroz en la vasija de la mitad. Esta vasija representa lo infinito.
2. Vierta un poco de agua de manantial en la vasija del lado izquierdo. Esta vasija simboliza la energía yin.
3. En la vasija de la derecha, vierta un poco de sal marina como símbolo de la energía yang.
4. Decore su altar con diveras piedras y flores atractivas que encuentre en su casa.

MEDITACIÓN

Ensaye la siguiente meditación antes de comenzar con la consulta. Encuentre un sitio tranquilo donde nadie lo moleste y se sienta cómodo.

Ahora, lea éste texto, cada línea por separado. Imagine que está siguiendo la indicación de cada línea:

Despeje su mente: ¡vacíe su contenido!
Haga de su mente ninguna mente: ¡deseche todas las cosas!
Concentre su mente: ¡hágala inmóvil!
Pacifique su mente: ¡que no exista el temor!
Tranquilice su mente: ¡no permita el caos!
Debe sanear su mente: ¡deshágase de todo lo indebido!
Purifique su mente: ¡erradique lo podrido!

Cuando haya concluido este proceso, imagínese que ha puesto al descubierto las siguientes cuatro mentes:

• Una mente recta: no más reveses.
• Una mente equilibrada: no más altibajos.
• Una mente brillante: no más tinieblas ni oscuridades.
• Una mente persuasiva: no más barreras.

De ahora en adelante, estas mentes brillarán en usted. Vuelva a leer la descripción, imaginándose que ahora su mente incorpora sus principios. Después de alguna práctica, estas cuatro mentes iluminarán naturalmente. Disfrute de esta sensación.

PREPARAR SU ESPACIO

En algunas culturas, los sabios meditan mucho antes de realizar una labor importante. A veces también realizan un proceso de purga, que puede ser un ayuno o una dieta ligera, un baño ritual, cánticos o untar el cuerpo con aceites y fragancias específicas. Para empezar el estudio del I Ching no necesita ir a estos extremos, pero los rituales para despejar su mente (ver página 35) y para despejar su espacio, son maneras efectivas de eliminar las preocupaciones del mundo diario.

Es importante trabajar con el I Ching en un lugar tranquilo. Escoja un lugar en su casa lejos de cualquier entrada o puerta, corredor o baño. Apague el televisor y, si puede, todos los electrodomésticos. Esto ayudará a disminuir el nivel de vibraciones exteriores que se encuentran alrededor suyo. Para crear una mayor distancia con su vida diaria, encienda velas o inciensos o utilice aceites de aromaterapia para ayudar a su mente a concentrarse en lo espiritual.

PREPARARSE FÍSICAMENTE

Despeje su mente de todas las preocupaciones de la vida diaria (ver página 35), luego, siéntese en un lugar tranquilo. Si ha preparado un altar para el I Ching, arrodíllese o siéntese frente a su altar.

Cuando esté listo para despejar su mente, cerciórese de que su cuerpo se encuentra en una posición cómoda, manteniendo su espalda erguida. Es importante que se encuentre cómodo con su cuerpo antes de consultar el I Ching, este lo ayudará a:

• Mejorar la calidad de su vida interior.
• Escuchar e intuir más claramente los mensajes que el I Ching le brinda.
• Elevar su espiritualidad.
• Descansar de las preocupaciones diarias.
• Proporcionar una sensación de curación para su vida física y espiritual.

Para llegar a un estado de tranquilidad, concéntrese en su respiración mientras se encuentra sentado o arrodillado frente a su altar o en su sitio especial. Un ejercicio útil es imaginar que dirige su aliento directamente hacia el **tantien** (en la cultura china) o hacia el **hara** (en la cultura japonesa), que se encuentra en su abdomen. Éste es su centro de energía. Se dice que respirar hacia esta área lo pone en contacto con su ser superior.

Conviértase en su respiración, en su cuerpo, en su cuarto, en su vivienda, en su comunidad, en su país, en su planeta, en su sistema solar, conviértase en su galaxia y en su ser infinito.

ESTIMULAR EL FLUJO DE ENERGÍA

Antes de consultar el I Ching o antes de sentarse frente a su altar, sería conveniente hacer unos ejercicios de estiramiento para estimular el flujo de energía en su cuerpo. Un ejercicio efectivo para este fin es mecer su cuerpo. Siéntese relajadamente en el suelo con la espalda erguida. Debe mecer su cuerpo de lado a lado, de la cintura para arriba. Este movimiento debe reducirse gradualmente hasta parar. Luego, debe mecer su cabeza de lado a lado, nuevamente disminuyendo el ritmo hasta parar.

SABER QUÉ PREGUNTAR

¿Qué desea saber cuando consulta el I China? A veces se necesita un proceso bastante largo para tener clara la información que se necesita.

CÓMO PREGUNTAR LO CORRECTO
- Existen preguntas correctas e incorrectas para el I Ching.
- El tipo de pregunta que usted formule afectará en gran medida el tipo de respuesta que obtendrá.
- Se necesita de mucho trabajo con el I Ching para dominar el arte de formular preguntas correctas.
- Puede encontrarse con una cantidad de suposiciones y confusiones antes de encontrar la pregunta que realmente desea formular.

PREGUNTAR DESDE EL CORAZÓN

Las preguntas que formule deben provenir del corazón y no de la mente. Deben estar relacionadas con temas que involucren lo emocional. Si usted formula una pregunta por simple curiosidad intelectual, no espere que el I Ching le responda con claridad. Si no existe un sentimiento profundo al formular la pregunta, es muy probable que no haya profundidad en la sabiduría de las respuestas del I Ching.

Esto no significa que todas las preguntas deben ser serias y filosóficas. Algunas personas creen que si hacemos preguntas solamente para satisfacer nuestra curiosidad, el oráculo no nos dará la respuesta. Lo que importa no es la curiosidad, sino la dimensión en que nuestro corazón se involucre con la pregunta. Si su curiosidad proviene de algún motivo inocente y sincero, las respuestas suelen ser más acertadas de lo que usted imagina. Aun cuando no sepa mucho acerca del I Ching, si usted formula preguntas sinceras, no se extrañe si recibe respuestas significativas. Es de gran valor si consulta el I Ching con una actitud infantil de espontaneidad e inocencia.

El I Ching responde preguntas como lo hacen los guías espirituales. No es la profundidad de la pregunta la que atrae la respuesta sino su presencia. Si usted no está presente en su pregunta ¿por qué lo debe estar el I Ching a la hora de responder su pregunta?

 ## EJERCICIOS DEL MANUAL

Reflexione sobre la variedad de preguntas que se ha formulado en la vida:

1. Cuando era niño, ¿qué tipo de preguntas se hacía? Si no se acuerda, escuche a los niños pequeños. Escriba algunas preguntas que escuche o recuerde.
2. Cuando era un estudiante joven, ¿cuáles preguntas eran importantes para usted?
3. ¿Y ahora como adulto?
4. Cuando era niño, ¿qué preguntas lo inquietaban pero nunca formuló por temor?
5. Siendo adulto, ¿qué preguntas quisiera formular pero no se atreve?

Registre sus preguntas y respuestas en su diario del I Ching.

ALGUNAS PREGUNTAS ÚTILES

Puede formular una pregunta para el I Ching de sí o no, pero no recibirá una respuesta de sí o no, aunque así lo espere. No haga preguntas complicadas. Haga preguntas que tengan que ver con la mejor manera para desenvolverse como persona y para comunicarse con su ser superior. Formúlelas con el instinto, no conceptualmente. Abajo encontrará los tipos de pregunta que puede hacer y sus ejemplos.

Tipos de pregunta	Ejemplos
Exige una respuesta completa	"¿Qué puede suceder si viajo ahora?"
	"¿Qué sucederá si viajo después?"
Demuestra control	"¿Qué puedo hacer para aumentar ingresos?"
Permite equilibrar dos posibilidades en su mente	"¿Qué efecto tendrá este nuevo empleo en mi relación?"
	"¿Qué efecto tendrá si no acepto este nuevo empleo?"
Indaga por tiempos especiales	"¿Qué debo esperar en mi cumpleaños?"
	"¿A qué le debo prestar atención para convertirme en una persona más productiva y cariñosa?
	"¿Qué me depara el próximo año?"
	"¿Qué puedo hacer para fortalecer mi matrimonio?"
Describe un estado o situación o simplemente espera algún comentario	"Pienso que me estoy enamorando; por favor, haga algún comentario"
	"Pienso pasar una solicitud para un nuevo empleo; por favor, haga algún comentario"
Exige una aclaración	"¿Qué sucede con mis amistades?"

MÁS PREGUNTAS PARA EL I CHING

También puede preguntar sobre:

- Salud
- Asuntos económicos
- Situaciones sociales
- Decisiones de negocios
- Proyectos
- Temas filosóficos
- Otras personas
- Eventos
- Condiciones futuras
- El pasado, presente y futuro
- Cómo comportarse

Entre más clara sea la pregunta formulada, más clara será la respuesta

PASOS PARA FORMULAR LAS PREGUNTAS

Escriba la pregunta en su diario del I Ching. Por ejemplo: "¿Debo renunciar a mi empleo actual y aceptar el nuevo ofrecimiento de trabajo?".

1. Formule tan sólo una pregunta al tiempo: "¿Debo aceptar este nuevo empleo?".
2. Reflexione sobre el significado más profundo de esta pregunta:
   "¿Estaré contento en este nuevo empleo?".
   "¿Me agradará la gente en mi empleo nuevo?".
3. Decida sobre lo que realmente desea saber:
   "¿Cómo me sentiré despidiéndome de las personas que estimo en mi empleo actual?".
4. Reflexione y clarifique la pregunta. Redúzcala y refínela. Encuentre las palabras correctas y lo que realmente quiere saber: "¿Cuál es el aspecto más importante de mi trabajo?".
5. Pronuncie la pregunta en voz alta antes de consultar.

Algunas preguntas pueden tomar muchos años para desarrollar. Otras tomarán menos tiempo. Dedique por lo menos diez minutos para formular la pregunta.

LOS ASPECTOS DE SU PREGUNTA

Antes de formular su pregunta, usted puede considerar cuál aspecto quiere que le respondan. En la filosofía taoísta china existen tres categorías que reflejan los tres aspectos de la experiencia humana (ver páginas 25-27):

Preguntas concernientes	Aspectos relacionados
Desarrollo espiritual	Cielo
El cuerpo, la salud, objetos materiales, finanzas, y la posibilidad de realizar cosas a nivel material	Tierra
Cualquier circunstancia social, relaciones entre personas y eventos, su vida emocional	Humanidad

Así como el cielo y la tierra se encuentran inextricablemente interconectados, sin que ninguno sea más importante que otro, así mismo no existe ninguna pregunta más importante que otra. Todas las preguntas nos permiten descubrir más acerca de los aspectos esenciales de nosotros.

UN RITUAL DE I CHING

Ensaye el siguiente ritual cuando se encuentre sentado frente a su altar o en su sitio especial. Cuando se encuentre sentado o arrodillado cómodamente, haga la venia tres veces en honor a la trinidad del cielo, tierra y humanidad del I Ching. De esta forma expresa su gratitud hacia la creación. Cuando esté listo, diga cualquier cosa que desee para comunicarse con el universo. Puede expresar cualquier sentimiento actual como la felicidad debido a un éxito alcanzado en el trabajo, o dolor ante la pérdida de un amigo o pariente. Usted puede desear comunicarse con un pariente o amigo que recientemente murió o simplemente orar por la paz mundial. Haga esto durante tres días a la misma hora para desarrollar su habilidad para distanciarse del mundo cotidiano. Después de los tres días, lleve las herramientas del I Ching, como el manual, el diario y las monedas a su sitio especial.

EJERCICIOS DEL MANUAL

1. Haga los siguientes ejercicios para tranquilizar su mente y prepararse para la consulta. Registre en su diario del I Ching cuál fue el más efectivo.
   - Encuentre un espacio tranquilo donde usted pueda consultar el I Ching sin ser perturbado. Permanezca un tiempo ahí.
   - Prepare un altar en honor a la filosofía básica del I Ching, la trinidad del cielo, tierra y humanidad.
   - Proceda con sus ejercicios de estiramiento favoritos o realice un ejercicio suave de mecerse para estimular el flujo de energía.
   - Practique la meditación, permitiendo que su mente se distancie de las preocupaciones diarias.
   - Practique la respiración desde su abdomen para contactar su ser superior y sentir paz.
   - Trate de establecer una conexión con sus monedas o chaquiras para el lanzamiento.
2. Establezca su propio ritual para entrar en contacto con la sabiduría del I Ching, utilizando una o varias de las sugerencias del Paso 1. Una combinación de éstas puede ser lo que más le ayude. Registre estos procedimientos en su diario del I Ching.
3. ¿Cómo llegar a ese estado de paz? Para ello utilice música, estiramiento, purificación, canto, baile, meditación, ejercicios en un gimnasio o trabajos de caridad con alguna organización. Concéntrese en sentirse en paz con las inspiraciones que recibe para lograr un estado permanente. Registre sus esfuerzos para alcanzar esta sensación en su diario del I Ching.
4. Escriba un párrafo breve en su diario sobre el estado espiritual en que se encuentra. Incluya sus reflexiones sobre quién es realmente, su propósito en la vida y cómo puede incorporar el estudio del I Ching en su viaje espiritual.
5. Responda estas preguntas. Cuando haya utilizado este manual por un tiempo, regrese a esta página en su diario.
   - ¿Cuál es la mejor manera para alcanzar mi desarrollo?
   - ¿Cómo me puedo comunicar con mi ser superior?

CAPÍTULO TRES

LOS OCHO TRIGRAMAS

Aprenda acerca de los ocho trigramas: cielo, tierra, trueno, viento, agua, fuego, montaña y lago ¿ Cuáles son sus significados especiales?

A hora examinaremos detalladamente cada uno de los trigramas, el fundamento del I Ching. Cada trigrama está compuesto de tres líneas de energía de yin y/o yang. Cada línea tiene un significado distintivo.

LAS TRES LÍNEAS DEL TRIGRAMA: UNA EXPLICACIÓN

Línea	Lo que representa	Palabras claves
Línea superior: cielo	El cielo; todo desde lo astronómico, divino y cosmológico hasta las condiciones climáticas y meteorológicas. También, las condiciones de nuestra. naturaleza espiritual y mental.	Astronomía, astrología, luna, estrellas, qi cósmico y divino, el tiempo y los ciclos mutantes, qi del agua, lluvia, luz solar, calor o frío, viento, las estaciones y las mareas.
Línea del centro: humanidad	Todo lo que produce la tierra y el cielo, los fenómenos de la naturaleza (universal y terrestre) y los aspectos emocionales y psicológicos de la humanidad, las interacciones sociales y los intercambios con el medio ambiente.	El qi personali, el qi humano y social, política, cultura, familia, vecinos, socios, personalidades, memorias, ideales, visiones, sensibilidad, y el qi vital.

Línea	Lo que representa	Palabras claves
Línea inferior: tierra	Tierra, economía, el mundo material y los sentidos (sentimientos, olfato, nuestra condición física).	El qi topográfico, las formas del paisaje, las montañas, valles, ríos, pastizales, el qi del medio ambiente, viviendas, formas y espacios, color y sonido, relámpagos, muebles y otros objetos hechos por seres humanos.

Existen ocho trigramas, que son el número total de posibles combinaciones de líneas yin y yang: cielo (páginas 46-49), tierra (páginas 50-53), trueno (páginas 54-57), viento (páginas 58-61), agua (páginas 62-65), fuego (páginas 66-69), montaña (páginas 70-73) y lago (páginas 74-77).

LA CLAVE DE LOS TRIGRAMAS

Uno de los aspectos más fascinantes de la filosofía taoísta china resaltada por el I Ching es la interrelación que existe entre los muchos aspectos de la vida que normalmente no asociaríamos entre sí. Todo lo que existe está relacionado con un significado, porque el universo entero es una totalidad.

Los cinco elementos chinos, los cinco sentidos, los diferentes sabores, animales, estaciones, colores, horas del día, direcciones de la brújula y los objetos, todos están asociados energéticamente con los ocho trigramas. Ésta es la manera taoísta de pensar, y es muy diferente a la lógica de Occidente. Para interpretar el I Ching intuitivamente, se recomienda abrirse a esta manera de pensar taoísta.

En este capítulo, examinaremos cada uno de los ocho trigramas y su asociación energética en detalle.

Permítase vivir la experiencia del pensamiento taoísta. Si lo hace, se encontrará desarrollando nuevas relaciones entre usted y su medio ambiente.

EL CIELO (QIAN)
UNA CLAVE PARA EL TRIGRAMA DEL CIELO

Personas: padres, hombres de cuarenta y seis años en adelante, jefes de Estado, líderes, jefes, hombres sabios, emperadores, reyes, presidentes, comandantes, monjes, santos, ermitaños, banqueros, orfebres y policías.

Salud: la cabeza y los pulmones.

Elemento: metal (metal rojo profundo).

Sentido: tacto.

Sabor: picante.

Naturaleza: justicia, lo forzado, la no complacencia, la rigidez, dureza, movimiento hacia arriba, virtud, responsabilidad, perseverancia, poder, caridad, dignidad, inspiración, virilidad, autoridad, ingenuidad, abundancia, prosperidad, originalidad, vitalidad, salud, protección, control, dominio, la palabra pronunciada, la presentación de rituales para honrar las estaciones, la búsqueda de la verdad, lo sobrenatural, el ser superior, el seguimiento de la voluntad del cielo y el comportamiento de acuerdo a los deseos de los demás.

Símbolos animales: caballos, dragones, leones, elefantes, osos y grullas.

Plantas: crisantemos, peros, pinos, lotos, orquídeas y la fruta de los árboles.

Color: blanco y los colores brillantes.

Estación: otoño.

Hora del día: noche

Dirección: noroeste en el hemisferio norte, sureste en el hemisferio sur.

Objetos: relojes, estampillas, joyas, oro, jade, perlas, hielo y objetos hechos de metal.

Edificios/medio ambiente: edificios en las capitales, parlamentos, templos, diseños geométricos, fortalezas, salas de congresos, ancestrales y altares.

Este trigrama se conoce como "el creativo" y es el símbolo de la energía pura de yang. Consiste en tres líneas sólidas de yang y simboliza el impulso creativo del cielo en donde éste, la humanidad y la tierra completan entre todos el yang. Representa el concepto taoísta de lo divino, la energía del cosmos que crea. Es activo e iniciador.

El cielo representa la guía y la liberación. Nos ayuda a diferenciar entre la verdad y la falsedad para permitirnos ver la realidad. La fuerza total de la energía del cielo puede expresarse como una fuerte naturaleza moral, religiosa o intuitiva. Sin embargo, la falta de equilibrio puede resultar en un pensamiento unilateral, severidad, carencia de sensibilidad e imaginación y en ingenuidad social y emocional.

En el contexto de la política, *qian* representa la paz. En el reino de la agricultura, significa el éxito con las labores necesarias y predice una cosecha abundante. El tiempo (el cielo) es claro, y la humanidad trabaja con todo su esmero. Los campos —que representan la tierra— están bien abonados y con humedad. También simboliza la buena suerte.

En cuanto a la salud, el trigrama del cielo se relaciona con los pulmones. Absorbemos el cielo a través de nuestra respiración, literalmente aspiramos el cielo a través de nuestros pulmones, inhalando no sólo el oxígeno, sino también toda las radiaciones del cielo, las finas vibraciones del cosmos. Los pulmones, correspondiendo al elemento chino del metal, son el hábitat para el hierro de nuestra sangre. El hierro atrae el oxígeno: yin atrae yang. ¡El cielo realmente se encuentra dentro de nosotros!

Para conectarnos con la energía del trigrama del cielo, debemos hablar y buscar la verdad. Físicamente, necesitamos practicar la respiración y meditación profunda. Podemos cantar, escuchar música y orar para entrar al mundo armónico y vibrante del cielo, nuestra dieta debe proporcionarnos una cantidad saludable de hierro.

En términos intelectuales, podemos afilar nuestro "metal" a través del trabajo preciso, los cálculos exactos y un ambiente de trabajo limpio y ordenado. Artísticamente, este trigrama se asocia con los diseños geométricos y con el arte clásicamente proporcional.

En términos del feng shui, está asociado con las personas colaboradoras en nuestra vida, puntos de vista altruistas, y la preocupación por el bienestar de las demás personas y de nuestro medio ambiente. Nos anima a ser generosos y a crear una conciencia superior dentro de nosotros; nos da la sensación de estar conectados con el cielo. La clave para el cielo es la gratitud por lo malo y lo bueno.

EJERCICIOS DEL MANUAL

Reflexione sobre las siguientes preguntas y haga sus apuntes en su diario del I Ching:

1. Escriba cinco cosas que asocia con la palabra "cielo". Puede incluir sentimientos, pensamientos, sonidos, olores, medio ambiente, sitios especiales u objetos.

2. Ahora, lea nuevamente "una clave para el trigrama del cielo" (páginas 47-48). ¿Le gustaría adicionar otras cosas a esta lista?

3. Escriba sobre tres situaciones en su vida durante las cuales sintió que proyectó buenas cualidades de liderazgo.

4. ¿En qué áreas de su vida existen oportunidades de liderazgo? Por ejemplo, en su familia, comunidad o negocios. Nombre tres.

5. Suponiendo que usted es un líder ¿qué beneficios le trae ésto a usted y a las demás personas? Escriba tres para cada uno.

6. ¿Cómo puede ayudar a los demás? Escriba tres maneras por medio de las cuales haya ayudado a alguna persona la semana pasada.

7. ¿Cómo alcanzar lo divino? Por ejemplo, a través de la música, canto, baile, meditación, oraciones, arte o fotografía Nombre tres.

8. ¿Está actualmente utilizando cualquiera de los métodos mencionados arriba para alcanzar lo divino? ¿Por qué sí o por qué no?

9. Quian simboliza honestidad, verdad, éxito y buena suerte ¿Cómo puede relacionar su situación actual en la vida con este trigrama?

LA TIERRA (KUN)
UNA CLAVE PARA EL TRIGRAMA DE LA TIERRA

Personas: mujeres mayores de cuarenta y seis años, esposas, madres, mujeres sabias, agricultores, sirvientes, parteras, mayordomos, doctores y herbolarios; enfermeras, niñeras, profesoras preescolares, trabajadores sociales, amas de casa, ceramistas, profesionales de finca raíz y artesanos.

Salud: abdomen, sistema digestivo, bazo, estómago y hombros.

Elemento: tierra.

Sentido: gusto.

Sabor: dulce.

Naturaleza: elegancia, pasividad, rendición, devoción, servicio, superficialidad, moción hacia abajo, dependencia, apoyo, calma, conformidad, fertilidad, quietud, docilidad, crianza, frugalidad, aceptación, madurez, suavidad, seguridad, blandura, adaptabilidad, complacencia, flexibilidad, apertura, vulnerabilidad, delicadeza, lealtad, humildad, maternidad , amabilidad.

Símbolos animales: vacas, bueyes, ovejas y hormigas.

Plantas: calabaza, patatas dulces, algodón, paja y pasto.

Color: amarillo y los ricos colores de la tierra.

Estación: final del verano (el periodo de la madurez).

Hora del día: la tarde.

Dirección: suroeste en el hemisferio norte, suroeste en el hemisferio sur.

Objetos: telas, sedas, calderas, vagones, casas, hogares, manijas, gentío, cosas rotas, equipo para la agricultura, arcilla, herramienta para excavación, lotes y electrodomésticos.

Edificios/medio ambiente: comunidades religiosas, clubes, asociaciones, sociedades, pueblos, veredas, consultorios, invasiones, cabañas, cocinas, ambientes domésticos y rurales.

También conocido como "lo receptivo", este trigrama simboliza la energía pura del yin, la fuerza femenina. El trigrama de la tierra consiste de tres líneas discontinuas, rindiendo éste la mayor cantidad de yin de todos los ocho trigramas. Tradicionalmente, está representado por la docilidad y la fuerza de una yegua o vaca madre.

Kun representa la energía correspondiente al universo. A través de ésta se manifiesta la energía creativa (el trigrama del cielo) y se posibilita su capacidad para la creación. La tierra absorbe completamente la energía celestial y la materializa en formas, figuras, texturas y sabores. En la creación, la función del cielo y la tierra son equilibradamente esenciales, sin que uno sea más importante que el otro. Cada uno se complementa y trabajan unidos para materializar todo lo que existe.

A pesar de que kun indica un carácter o condición totalmente complaciente, nutriente y receptivo, no quiere decir que es el trigrama más débil. En el Tao Te Ching, el gran sabio Lao Tzu exalta las grandes virtudes y fuerza inconquistable del complaciente principio femenino. El trigrama de la tierra representa la aceptación incondicional, como los ejemplos de la vida y las enseñanzas de Cristo, y la fuerza de la resistencia pasiva, como la que empleó Ghandi para alcanzar la independencia de la India.

Este trigrama nos sugiere entrar en contacto con nuestros sentimientos y no con nuestros pensamientos racionales. También representa la fuerza de lo mundano: comida, ropa y gloria doméstica. Es el mundo cotidiano, el crecimiento, la recolección de comida y la imagen de una olla llena de sopa sobre la estufa, o la de un hogar agradable. Significa fortaleza del centro, estabilidad, enraizamiento y anclaje de nosotros a la realidad del mundo.

EJERCICIOS DEL MANUAL

Reflexione sobre las siguientes preguntas y registre los apuntes en su diario del I Ching:

1. Escriba sobre cinco cosas que usted asocia con la palabra "tierra". Puede incluir sentimientos, pensamientos, sonidos, olores, medio ambiente, lugares especiales u objetos.

2. Ahora lea nuevamente "una clave para el trigrama de la tierra" (páginas 51-52). ¿Le gustaría añadir más cosas a esta lista?

3. Nombre cinco maneras por medio de las cuales usted muestra respeto hacia el planeta Tierra. Por ejemplo, ¿recicla, está atento a los temas del medio ambiente, evita desperdiciar los recursos?

4. Relate sobre tres ocasiones en su vida en las que se haya sentido apoyado y educado. ¿A quién apoya y educa usted? Nombre a tres personas. ¿De qué áreas de su vida provienen estas personas? Por ejemplo, su familia, amigos de infancia, compañeros de trabajo.

5. ¿Es abierto, sensible y cercano a las demás personas? ¿Qué tan a menudo?

6. El kun es la clave para la empatía, compasión y comprensión ¿Cómo puede relacionar su actual situación en la vida con este trigrama?

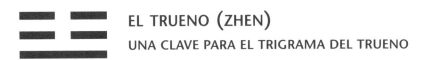

EL TRUENO (ZHEN)

UNA CLAVE PARA EL TRIGRAMA DEL TRUENO

Personas: primogénitos, hombres entre las edades de los treinta y uno, y cuarenta y cinco años, promotores, hombres de acción, aquellas personas con actitud de "actúe ahora, piense más tarde", con motivación, actores, actores callejeros, el idealista, el expansivo, el despreocupado, de tacto, el entusiasta, el agresivo, el furioso, entrenadores, tutores, nuestros primeros profesores, la influencia de los padres, ingenieros, arquitectos, carpinteros, vendedores y personas vinculadas a la publicidad.

Salud: pies, hígado y bilis.

Elemento: madera.

Sentido: vista.

Sabor: ácido.

Naturaleza: agitación, despertares, exaltaciones, elevaciones, emociones, impetuosidades, vehemencia, impulsos, confianza, voluntad, inicio de los movimientos, trueno y relámpago, electricidad, vigor, confrontación, renovación, explosiones, sorpresas, choques, liberaciones, ruidos, proyectos nuevos, revoluciones inminentes, momentos iniciadores y terremotos.

Símbolos animales: dragones (en el este), águilas, ponis, culebras y mosquitos.

Plantas: bambú tierno, bretones, cañas.

Color: verde brillante y turquesa.

Estación: primavera.

Hora del día: primeras horas de la mañana.

Dirección: este para los dos hemisferios (el sol naciente).

Objetos: arado, trompetas, pistolas, pólvora y fuegos artificiales.

Edificios/medio ambiente: pagodas, rascacielos, salas de conferencias, talleres y bosques.

Como implica velocidad y movimientos rápidos, **zhen**, conocido también como "lo suscitativo" o "el despertar" corresponde a las enfermedades repentinas, a los dolores de los nervios, enfermedades del sistema sensorial, el sistema motor, el sistema nervioso simpático, las extremidades inferiores, los tendones, la bilis, y el hígado yang. Está asociado con el nacimiento, crecimiento y desarrollo.

Todo lo que tiene que ver con reacciones psicológicas, las repentinas explosiones de rabia y la ira pueden ser indicadas en este trigrama. Este trigrama resalta la energía del comienzo de la primavera, rebosante de vitalidad fresca y crecimiento nuevo. La línea del yang en la parte inferior ilustra la fuerza primaria e irreprimible. Las dos líneas superiores discontinuas no ofrecen ninguna resistencia a este impulso fuertemente enraizado, que resulta en un crecimiento de energía permanente hacia una dirección recta y ascendente. Esto produce un fuerte sentimiento de pertenencia directa con el cosmos y con la naturaleza.

La clave de este trigrama es la acción, más específicamente, la acción en el entendimiento y la compasión en la sabiduría. La necesidad de acción es un mensaje potente. Sin embargo, también es la necesidad de ser conscientes de nuestras motivaciones, nuestras urgencias, anhelos e intenciones. La fuerza indicada por la línea yang puede perder el control, como el hijo adolescente que desconoce sus límites. Cuando se inicia y canaliza correctamente, esta energía no la detiene nadie.

El trueno en nuestras vidas está relacionado con nuestros maestros, que nos influyen y guían. El trigrama nos aconseja cómo escogerlos sabiamente. Debemos evitar compañías negativas y aquellas personas que no nos ayudan a canalizar nuestros anhelos, deseos y naturaleza impulsiva.

Zhen nos aconseja unirnos a un grupo en vez de actuar solos. La interacción social es importante. Su ira ante la injusticia en el mundo puede ser canalizada hacia la obtención de resultados favorables. Cuide su hígado y evite demasiados estimulantes, ya que éstos lo hacen poner de mal genio. Mueva su cuerpo y aprenda a bailar. El trueno es el llamado que le recuerda que usted es una manifestación energética de la vida, es la chispa.

EJERCICIOS DEL MANUAL

Reflexiones sobre las siguientes preguntas y registre sus apuntes en el diario del I Ching:

1. Escriba cinco cosas que asocia con la palabra "trueno", esto puede incluir sentimientos, pensamientos, sonidos, olores, medio ambiente, lugares especiales u objetos.
2. Ahora lea nuevamente "una clave para el trigrama del trueno" (páginas 55-56). ¿Le gustaría añadir más cosas a esta lista?
3. ¿En qué ocasiones ha sido espontáneo?
4. ¿En qué áreas de su vida inicia cosas nuevas? Ahora mencione tres que ha iniciado recientemente y tres que le gustaría iniciar.
5. ¿En qué situaciones se detiene usted, así sienta el fuerte deseo de comenzar algo?
6. ¿Qué siente cuando ve la injusticia a su alrededor? ¿Qué hace al respecto?
7. ¿Cuántas veces siente que su vida no tiene sentido si no hace algo al respecto?
8. Zhen desencadena lo que debe crecer y las acciones que se deben emprender. ¿Cómo puede relacionar su situación actual con este trigrama?

 # EL VIENTO (XUN)
UNA CLAVE PARA EL TRIGRAMA DEL VIENTO

Personas: la hija mayor, mujeres entre treinta a cuarenta y cinco años de edad, aquellas con frentes anchas, aquellas con carácter airoso, ejecutivos, vendedores, los que se mueven hacia arriba, los planeadores, profesores de baile, oradores, poetas, artistas y bohemios; las personas involucradas con las compañías de distribución, agencias publicitarias, empresas de construcción y seminarios de crecimiento personal.

Salud: hígado y bilis, los muslos, caderas y zona de la cadera, olores fuertes, músculos, tendones y movimientos excesivos en el cuerpo como temblores.

Elemento: madera.

Sentido: vista.

Sabor: ácido.

Naturaleza: romance, dispersión, vehemencia, la persecución del logro, decisiones, mentir, influencias y efectos, obediencia, persuasión, gaseoso, crecimiento, maduración, vivificación, movimiento hacia arriba, fuerzas muy ligeras, transformación, doblez, amabilidad, cortesía, atadura, cambio, progreso, interacción, gentileza, esparcimiento, alivio, agudeza, formalidad, permanencia corta y afección.

Símbolos animales: animales sin pelos, pollos, gusanos, arañas de patas largas y moscas.

Plantas: bambú, plantas que retoñan y frutas verdes que no están maduras.

Color: verde oscuro.

Estación: los últimos días de la primavera.

Hora del día: media mañana.

Dirección: sureste en el hemisferio norte, noreste en el hemisferio sur.

Objetos: figuras largas y rectangulares, Júpiter, aspiradoras, ventiladores, fuelles, cabuyas, estanterías, acondicionadores, juguetes de madera e instrumentos de viento.

Edificios/medio ambiente: maderas, vegetación, plazas de mercado, galerías de arte, lugares sagrados para rituales, corredores, guarderías, centros de crecimiento personal, cuartos con ruidos y cuartos familiares.

Para comprender la energía del trigrama *xun*, imagínese el viento soplando sobre la tierra y las raíces penetrándola. Este trigrama también se conoce como "lo suave" y su energía actúa suavemente, penetrando como una brisa cálida en la mañana, el mejor de los climas. Este trigrama representa la disciplina y la dedicación hacia la naturaleza y provoca la pregunta: ¿honra usted la naturaleza?

Las dos líneas yang por encima de la línea yin muestran una reserva de energía desde lo más alto, indicando una fuerza cosmológica y mental que se mueve suavemente sobre una base yin. La actividad de las dos líneas superiores yang es constante y consistente. La línea discontinua en la base significa un retiro de energía y posiblemente una debilidad en la raíz, produciendo una tendencia a buscar vitalidad física y apoyo material.

Psicológicamente, xun es asociado con decaimiento, impaciencia, carencia de motivación y rabia. Cuando se encuentra en armonía, genera humor y nuestra habilidad para reír ante el predicamento humano y las paradojas de la vida.

Xun corresponde al elemento madera y tiene relación con el hígado, los muslos y el sistema nervioso parasimpático. El hígado es considerado como "el general del ejército" en la medicina china, es el gran estratega.

Espiritualmente, el hígado está conectado con la visión. Una vez se haya concentrado en una visión, podremos proceder con la toma de decisiones que las transformarán en realidad. Debemos recordar que un grano de arroz produce miles de granos de arroz. La abundancia es un fenómeno natural y no debe ser denegado. Funde una empresa. Comparta algo útil con las demás personas. No importa el tamaño de ésta ya que no existen ganadores ni perdedores. Sólo existe la experiencia.

Un consejo del feng shui: siéntese mirando el sol de la mañana, siembre un árbol en ese sitio y obsérvelo crecer.

Despierte la conciencia interna, el tigre ruge al viento.
Lave el polvo de los sentidos,
y el dragón hará la lluvia.
Li Daoqun

EJERCICIOS DEL MANUAL

Reflexiones sobre las siguientes preguntas y registre sus apuntes en el diario del I Ching:

1. Escriba cinco cosas que asocia con la palabra "viento", esto puede incluir sentimientos, pensamientos, sonidos, olores, medio ambiente, lugares especiales u objetos.

2. Ahora lea nuevamente "una clave para el trigrama del viento" (páginas 59-60). ¿Le gustaría añadir más cosas a esta lista?

3. ¿Siente que ha sido recompensado por los esfuerzos de la vida? ¿Cómo? ¿Cómo siente que va a ser bendecido?

4. ¿Cuál es su situación económica, tiene dinero en el banco? ¿Un flujo de efectivo? ¿Una empresa?

5. ¿Siente que es un estímulo mental para aquellas personas que lo rodean? ¿En qué circunstancias? Si no se siente un estímulo para los demás, ¿cómo podría cambiar esto?

6. Xun es considerado el trigrama de la riqueza y la prosperidad. ¿Cómo puede relacionar su situación presente con este trigrama?

 # EL AGUA (KAN)
UNA CLAVE PARA EL TRIGRAMA DEL AGUA

Personas: hijos del medio, hombres entre los dieciséis y treinta años, diplomáticos, escritores, guionistas, marineros, plomeros, pescadores, mecánicos, conductores, criminales, espías, personalidades de la música o la radio, periodistas y aquellas personas en la industria de viajes, imprenta y petróleo.

Salud: oídos, riñones, vejiga, órganos reproductores, columna, médula y cabello.

Elemento: agua.

Sentido: oído.

Sabor: salado.

Naturaleza: gran movimiento hacia delante como un río, vitalidad, viajes, carreras, libido, aventuras, ocultación, translucidez, adaptabilidad, fluidez, estiramiento, valentía, inteligencia, propensión a los accidentes, peligro, dificultad, oscuridad, frialdad, crueldad, trabajo fuerte, secretos, sueño, descanso, adormecimiento, embriones, muerte, incertidumbre, ansiedad, temor, instinto, decepción, nubes, somnolencia, confusión, dilemas, desastres, crisis, obstáculos, aflicciones, maldad, aislamiento, fobias, calamidades, traición, pobreza, adversidades, impedimento, razones ocultas y enemigos.

Símbolos animales: delfines, ballenas, murciélagos y cerdos.

Plantas: plantas que crecen en el agua, árboles de núcleo sólido y firme, algas y semillas.

Color: negro.

Estación: invierno.

Hora del día: noche.

Dirección: hacia las regiones frías, norte del hemisferio norte y sur en el hemisferio sur.

Objetos: lazos, ruedas, luna, camuflaje, rompecabezas, trajes de baño, zapatos, ropa interior, bicicletas, botes, tambores, tinta, carbón, venenos, cinturones, casetes, CD-ROM, y neveras.

Edificios/medio ambiente: diques, zanjas, canales, océanos, ríos, trincheras, abismos, inundaciones, pozos, hoyos, depresiones, recesiones, tanques de almacenamiento, cañones, pozos de mina, cascadas, cervecerías, hoteles y moteles, centros de rehabilitación, invernaderos, saunas y baños turcos, lavanderías, baños, dormitorios, cuartos de ensayos, funerarias y agencias de viaje.

Conocido como "la profundidad", "el peligro", o "lo abismal", indica el estado primario que le precede al crecimiento de todo. Simboliza los tiempos en donde sentimos que estamos entrando al mundo de lo desconocido. El trigrama representa el riesgo de la vida.

El trigrama del agua está compuesto por una línea central yang, encerrada por dos líneas yin. Este maravilloso y sencillo símbolo revela la naturaleza inherente del agua, la cual tiene una superficie suave y cede con facilidad (cualidades del yin), pero tiene el poder de disolver hasta la más dura roca (una característica de yang). Yang está en la posición central, indicando movimiento. El agua nunca para de fluir y el río siempre corre mientras conserva su naturaleza de ceder.

Este trigrama muestra la reserva de fuerza escondida dentro de su apariencia externa de pasividad, fluidez y flujo constante. Ilustra la vitalidad oculta que se encuentra almacenada en un estado adormecido, oscurecido en ambos lados por el frío pasivo, es el opuesto del trigrama de fuego.

Si se asociara este trigrama con un tipo de persona particular, describiría a una persona con los siguientes aspectos desarrollados: una persona extremadamente gentil y social (ya que se encuentra rodeada y protegida por los elementos suaves de yin), pero extremadamente fuerte por dentro. El agua es la humildad misma, escucha a todos y vence los obstáculos.

Kan tiene que ver con las enfermedades de los riñones, vejiga, huesos y secreciones corporales como el edema. Tiene que ver con la parte inferior del abdomen, la médula, la nariz, los oídos, el paladar y el cabello. Indica ansiedad, temor y tensión.

En la medicina china, la emoción del temor se encuentra en el riñón qi. Para restaurarlo y revivir su deseo y empuje, evite comer alimentos fríos, bebidas refrigeradas, frutas, alimentos crudos, líquidos y azúcar en exceso. Incorpore en su dieta bebidas calientes, alimentos levemente cocinados, sopas, mariscos y hierbas como el jengibre.

EJERCICIOS DEL MANUAL

Reflexione sobre las siguientes preguntas y registre sus apuntes en el diario del I Ching:

1. Escriba cinco cosas que asocia con la palabra "agua", esto puede incluir sentimientos, pensamientos, sonidos, olores, medio ambiente, lugares especiales u objetos.

2. Ahora lea nuevamente "una clave para el trigrama del agua" (páginas 63-64). ¿Le gustaría añadir más cosas a la lista?

3. ¿Cuál es su viaje?

4. ¿Alguna vez ha sentido que está nadando contra la corriente? Escriba sobre tres situaciones en las cuales haya estado en esta circunstancia.

5. ¿Siente que ya ha encontrado su verdadero sendero en la vida? En caso de que sí, escriba cuál es; si no, escriba cinco cosas que lo están deteniendo para lograrlo.

6. ¿Qué significado tiene el peligro para usted, por ejemplo, un temor paralizante ante nuevas oportunidades? ¿Qué tan cómodo se siente usted en estas situaciones?

7. Kan representa el peligro y la aventura hacia lo desconocido. ¿Cómo podría relacionar su situación actual con este trigrama?

EL FUEGO (LI)
UNA CLAVE PARA EL TRIGRAMA DEL FUEGO

Personas: hijas del medio o segundas, mujeres entre los dieciséis y treinta años, estrellas de cine, clarividentes, intelectuales, fundamentalistas, farmacéuticos, editores, jefes, diseñadores de moda, la nobleza, optómetras, estilistas, periodistas de guerra, comediantes, celebridades. También personas con ocupaciones en el área del entretenimiento y la industria de la belleza, cine y televisión, los medios de comunicación, relaciones públicas, política, religión y los servicios de emergencia.

Salud: ojos, corazón, lengua, intestino delgado, conciencia y el sistema circulatorio.

Elemento: fuego.

Sentido: olfato.

Sabor: amargo.

Naturaleza: radiación, calor, reconocimiento, pasión, talento, claridad, expansión, apegos, conciencia, extremos, fama, individualidad, luminosidad, nirvana, discriminación, inteligencia, unión, patriotismo, dependencia, pensamiento superficial, incandescencia, razón, introspección, prudencia, dinamismo, carisma, inflamaciones, fiebre, histeria, hiperactividad, pérdida de control, volatilidad, magnetismo, gloria, alquimia, mitologías, leyendas, cuentos, discursos, celebraciones, utopía, inmortales y dioses.

Símbolos animales: pájaros que vuelan, animales con conchas, tortugas, cangrejos, caracoles, ostras, carpa china (pez dorado), grillos, mariposas, gatos, zorros, garzas grises, pavo real y urracas.

Plantas: arce, cerezo, rosas y árboles que son huecos.

Color: rojo y morado.

Estación: la mitad del verano.

Hora del día: mediodía.

Dirección: hacia las regiones cálidas, sur del hemisferio norte y norte del hemisferio sur.

Objetos: el sol, logotipos, decoraciones, acciones y divisas, pinturas, películas, caligrafía, hornos, cuero, luces de gas neon, desfiles y fiestas.

Edificios/medio ambiente: los juegos olímpicos, Hollywood, estadios, las bolsas de valores, desiertos, teatros, salones de belleza, torres de iglesias, universidades, estaciones de energía, centros nucleares y atómicos, fábricas químicas y guerras.

Conocido también como "lo adherente", este trigrama es el símbolo de la luz y del calor. Su atributo es el brillo. *Li* representa la inteligencia, la iluminación y se le conoce como nuestra conciencia. El trigrama del fuego consiste de dos líneas yang que rodean una línea central yin. Esto sugiere que el fuego, muy yang en la superficie —caliente y activo—, es realmente inestable y fácilmente extinguido. La naturaleza yang del fuego necesita combustible para trabajar; necesita adherirse a algo del mundo material que es yin.

Esto puede crear demasiada dependencia y adicciones o adherencias. La línea central de yin puede ser manifestada como una necesidad de apoyo social, emocional o ambiental, colaboración o confirmación.

Li tiene que ver con las enfermedades de circulación y cardiovasculares, así como las enfermedades del intestino delgado, la lengua y los ojos. Sugiere inflamación, fiebre y problemas con el metabolismo. Este trigrama puede indicar formas extremas de delirios y de histeria. Todas las enfermedades mentales están relacionadas con él.

El fuego es nuestra conciencia y claridad de introspección, el fuego es una modificación del trigrama del cielo, indicando que nuestra conciencia y conocimiento tiene sus raíces en lo divino, pero lo divino se encuentra ahora unido a la tierra (la línea central). Es fácil caer en esta trampa. Como el fuego, necesitamos "adherirnos" a las cosas para cargarnos de combustible. La claridad de la visión proviene del corazón y no se llena con la mente. Estamos sujetos a las influencias terrestres, pero ésta no es nuestra verdadera naturaleza. Somos condicionados por la sociedad y comenzamos a identificarnos con las definiciones impuestas. El fuego tiene que ver con la liberación del ser propio. Esto lo expresa un dicho taoísta "encontrarse más allá del mundo mientras se vive en él".

EJERCICIOS DEL MANUAL

Reflexione sobre las siguientes preguntas y registre sus apuntes en el diario del I Ching:

1. Escriba cinco cosas que asocia con la palabra "fuego", puede incluir sentimientos, pensamientos, sonidos, olores, medio ambiente, lugares especiales u objetos.

2. Ahora lea nuevamente "una clave para el trigrama del fuego" (páginas 67-68). ¿Le gustaría añadir más cosas a esta lista?

3. ¿Qué significado tiene las siguientes palabras: talento, autoestima y fama?

4. En una escala del uno al diez ¿qué importancia le da a la pasión en su vida?

5. ¿Qué lo hace sentir apasionado? Nombre cinco cosas.

6. ¿Qué definición le da a la palabra gloria?

7. Escriba cinco maneras que pudieran crear más gloria para su vida.

8. Li representa inteligencia e iluminación. ¿Cómo puede relacionar su situación actual con este trigrama?

LA MONTAÑA(GEN)
UNA CLAVE PARA EL TRIGRAMA DE LA MONTAÑA

Personas: hijos menores, niños varones hasta los quince años, guardias de seguridad, docentes, sabios, guías espirituales, solteros, montañistas, presos, trabajadores de laboratorios, inventores, revolucionarios y trabajadores del clero.

Salud: dedos, manos, estómago y bazo.

Elemento: tierra.

Sentido: gusto.

Sabor: dulce.

Naturaleza: logro, descanso, detenciones, meditaciones, quietud, reserva interior, inercia, lealtad, movimiento hacia abajo, retiro, testarudez, obstáculos, peso, concentración, silencio, contemplación, investigación, ciencia, desarrollo de propiedades e inversión, infraestructura social, desarrollo a largo plazo, acumulación lenta de riqueza, simplicidad, frugalidad, dignidad, prudencia, estancamiento, presión, conservatismo, conocimiento interior, sabiduría acumulada y filosofías del mundo.

Símbolos animales: perros, pájaros con picos fuertes.

Plantas: árboles con muchos nudos, robles y nogales.

Color: tierra blanca.

Estación: final del invierno y comienzo de la primavera.

Hora del día: temprano en la mañana.

Dirección: noreste en el hemisferio norte, sureste en el hemisferio sur.

Objetos: el oro de las minas, enlatados, piedras, mesas, sombrillas, cajas fuertes, cuartos fuertes, repisas, joyeros, baúles, armarios, departamentos de registros, vino añejo y alimentos con preservativos.

Edificios/medio ambiente: portones y puertas, depósitos, cementerios, áreas montañosas, funerarias, tiendas, centros de meditación, centros de retiros espirituales, *ashrams* y bancos.

La forma de este trigrama ilustra la silueta de una montaña rodeada por el cielo con una línea yang en la parte superior apoyada sobre dos líneas yin en la parte inferior. Las dos líneas inferiores muestran una entrada hacia una cueva en una montaña. Las líneas yin se mueven lentamente; requiere miles de años para acumular tierra qi para hacer una montaña.

Este trigrama, también conocido como "lo estable", muestra una silenciosa profundidad, pasividad, receptividad y acumulación sin movimiento ni contemplación, encerrada por una superficie sólida, sin complacencia y estable, ejemplarizada por la imponente montaña. La línea superior yang sugiere una dirección de agilidad mental, a pesar de descansar sobre una base de fuerzas lentas, pesadas y más estacionarias física y socialmente. En cuanto a los años y las estaciones, se refiere al tiempo inmediato antes de la primavera, cuando el ablandamiento del suelo duro del invierno ocurre escondido debajo del revestimiento residual del hielo endurecido del invierno. El hielo está partiéndose pero aun no se divisa ningún movimiento fresco. Este trigrama simboliza la fuerza escondida y la inteligencia tapada y se le conoce también como "el revolucionario".

Si nos concentramos en nuestra naturaleza interior, en nuestro verdadero ser y en nuestra sustancia, nuestro carácter se profundizará lentamente, como las mentes de los viejos sabios quienes ya han vivido varios ciclos de la vida. Tienen cicatrices pero sus sonrisas son claras. *Gen* pregunta: ¿se encuentra su mente libre de desórdenes o se siente estancado o congestionado? ¿Es su vida una serie de inconsistentes puñados esporádicos del mundo material?

El viaje a la montaña implica tomarse el tiempo para aprender a desarrollarse y honrar su capacidad para regenerarse. Después de haberse tomado este tiempo, puede regresar al mundo comercial como persona nueva, renovada, cambiada y revolucionada. Usted tiene una opción, un camino lo lleva hacia la montaña, hacia lo sagrado, a la unidad, mientras que el otro lo lleva a la interminable fragmentación. Debe escoger el camino a seguir.

EJERCICIOS DEL MANUAL

Reflexione sobre las siguientes preguntas y registre sus apuntes en el diario del I Ching:

1. Escriba cinco cosas que asocia con la palabra "montaña", puede incluir sentimientos, pensamientos, sonidos, olores, medio ambiente, lugares especiales u objetos.
2. Ahora lea nuevamente "una clave para el trigrama de la montaña" (páginas 71-72). ¿Le gustaría añadir más cosas a esta lista?
3. De dónde obtiene el conocimiento? Nombre tres fuentes.
4. Responda las preguntas siguientes: ¿Quién soy? ¿De dónde vengo?
5. ¿Se toma el tiempo para evolucionar espiritualmente? Si lo hace, ¿cómo lo hace? Si no, ¿por qué no?
6. ¿Existe algún lugar al que pueda ir cuando quiere retirarse del mundo? Describa este sitio y lo que significa para usted.
7. ¿Qué significa la palabra sagrado para usted?
8. Gen representa estabilidad y fuerza. ¿Cómo puede relacionar su situación actual en la vida con este trigrama?

EL LAGO (DUI)
UNA CLAVE PARA EL TRIGRAMA DEL LAGO

Personas: hijas menores, niñas hasta la edad de quince años, mujeres chamanes, magos, hechiceras, concubinas, adivinadoras, psíquicas, cantantes, cabaretistas, empleados de almacén, abogados, trabajadores de asuntos legales, astrólogos, odontólogos, personas con ocupaciones en restaurantes, placer y negocios de descanso (*resort*), personas involucradas en los estudios esotéricos; también la influencia de las mujeres.

Salud: boca, dientes, pulmones, intestino grueso y piel.

Elemento: metal.

Sentido: tacto.

Sabor: picante.

Naturaleza: gracia, serenidad, tranquilidad, sensualidad, oratoria, narcisismo y jovialidad.

Símbolos animales: mono, ciervo, oveja, alce, ratón y animales con cachos.

Plantas: magnolios, gardenias, lagos con plantas, manglares, hierbas, fruta caída de los árboles.

Color: rojo.

Estación: otoño (tiempo de cosecha).

Hora del día: noche.

Objetos: aparatos para la calibración, espadas, artículos eróticos y sensuales, campanas, instrumentos de bronce, metal viejo, yin o metal flexible (como el cobre), antigüedades, artículos de lujo.

Edificios/medio ambiente: cortes, edificios viejos e inseguros, suelos duros y salados, bares, tabernas, cafés, burdeles, casas de apuestas, casinos, pistas de carrera, parques de atracciones y casas atiborradas de artículos de lujo.

La palabra *dui* tiene varios significados, por ejemplo, las reservas de agua, los pantanos, humedales, campos de arroz, alegría radiante y hablar con entusiasmo. Existe una connotación de placer y de la buena vida; representa la delicia. El lago es el símbolo de la gravedad y de la absorción del divino qi cosmológico.

Para los antiguos chinos, un lago representa un lugar de vida alegre, con agua, plantas, pescado, pájaros y otros animales. Hoy en día también se relaciona con el placer, un tiempo, entretenimiento, con vacaciones y el disfrute del fruto de sus esfuerzos.

El trigrama con sus dos líneas sólidas yang en la parte inferior y una línea yin discontinua en la parte superior, simboliza una base enraizada y estable de fuerza con una superficie fluida y complaciente, representado como la superficie reflexiva del lago. La línea discontinua en la parte superior puede indicar una receptividad especial hacia las influencias espirituales o psíquicas y una fuerte capacidad para la reflexión y la serenidad.

Está asociado con las habilidades psíquicas y las ciencias intuitivas como el feng shui y la astrología. El yang completo de las dos líneas inferiores, las condiciones físicas y prácticas, se manifiestan con pasiones enfáticas y apetitos físicos, sensoriales, emocionales, o sociales. Siempre están tratando de encontrar el equilibrio contemplativo, reflejando la superficie de la suave línea superior. Corresponde al reino de la salud, la medicina y a las enfermedades de la boca, la cavidad oral, el sistema digestivo y el sistema reproductivo.

La creatividad del lago puede enriquecer todos los aspectos de la vida y actividades diarias. La creatividad es el aliento de la realidad de cada momento y del goce del presente. Haga todo con creación e inspiración. Descubra el universo en la palma de su mano, aprenda a respirar, relajarse y reflexionar sobre sí mismo. El lago es un lugar de inspiración que el ojo de la mente debe visitar, se encuentra bien arriba en las montañas, cerca de las nubes. En la superficie podemos apreciar el reflejo de la luna y las estrellas dentro de nosotros mismos. Este es nuestro parque de recreación, donde nuestros hijos pueden jugar y divertirse. Estos niños simbolizan nuestros proyectos actuales y esfuerzos creativos, los cuales pueden dar un gran giro en este entorno. Es un ambiente libre de estrés, donde podemos conectarnos al proceso creativo de la vida.

EJERCICIOS DEL MANUAL

Reflexione sobre las siguientes preguntas y registre sus apuntes en el diario del I Ching:

1. Escriba cinco cosas que asocia con la palabra "lago", puede incluir sentimientos, pensamientos, sonidos, olores, medio ambiente, lugares especiales u objetos.

2. Ahora lea nuevamente "una clave para el trigrama del lago" (páginas 75-76). ¿Le gustaría añadir más cosas a esta lista?

3. ¿Está usted conectado con sus sentimientos intuitivos internos? ¿Cómo podría intensificar este sentimiento?

4. Escriba cinco maneras como se divierte. ¿Se podría divertir usted más? Escriba cinco maneras por medio de las cuales podría alcanzar esto.

5. ¿Podría usted convertir cada proceso en la vida en un proceso agradable? Nombre cinco cosas que tendría que hacer para lograrlo.

6. ¿Se siente atraído por las cosas misteriosas? ¿Qué considera que son los secretos de la vida?

7. ¿Cuál es su "poción mágica"?

8. Dui representa la diversión y la serenidad. ¿Cómo puede relacionar su situación actual en la vida con este trigrama?

TRIGRAMAS E INTERACCIÓN SOCIAL

Los trigramas tienen otras asociaciones que nos ayudan a comprender cómo el qi fluye alrededor de nosotros. Podemos conectarnos a la armonía y al equilibrio poderoso de la naturaleza si observamos estas manifestaciones.

En el área concerniente a nuestras interacciones sociales, los trigramas corresponden con una cierta dinámica familiar. El padre es representado por el trigrama del cielo, y la madre es simbolizada por el trigrama de la tierra.

De estos "padres", se generan tres miembros de familia yang y tres yin. Se dice que la línea yin o yang de cada trigrama que se encuentra en minoría lo gobierna. Por ejemplo, el trigrama del agua tiene una línea yang. Por ello, es uno de los miembros de familia yang.

La razón es el concepto taoísta de que lo pequeño controla lo grande, lo escondido controlando lo obvio, el punto en el símbolo yin controlando el yang y viceversa.

Cada uno de los miembros de familia yang, o hermanos, se dice que corresponde a la energía de un niño varón particular que nace en una familia, el mayor, el del medio y los hijos varones menores. La posición de la línea continua yang determinará el orden de los hijos varones. El trigrama que tiene una línea continua en la primera posición (abajo), representa el hijo mayor y su símbolo es el trueno. El trigrama que tiene la línea continua yang o línea masculina en la posición de la mitad, corresponde al hijo de la mitad e indica agua. Una línea masculina en la posición alta se refiere al hijo menor y al trigrama de la montaña.

Una línea discontinua en la primera línea (abajo), representa el segundo miembro de familia yin o la hija mayor, y corresponde al trigrama del viento. El trigrama que representa la hija del medio y el fuego tiene una línea discontinua en la posición de la mitad, mientras

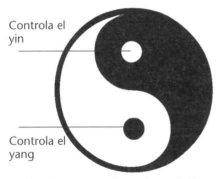

Controla el yin

Controla el yang

Un trigrama es gobernado por la línea que se encuentra en minoría, basado en el concepto taoísta de que lo pequeño controla lo grande, como sucede con el yin y el yang.

que el trigrama que simboliza la hija menor y el lago, tiene una línea discontinua en la posición superior.

Los trigramas están organizados en pares, en un orden de opuestos: cielo y tierra, trueno con viento, agua con fuego y montaña con lago. Como podemos observar en el dibujo en la parte inferior, si una línea de un par de trigramas es yang, la línea que le corresponde en el trigrama opuesto, en la misma posición, será yin. Las correspondencias entre los miembros de familia y los trigramas son ilustrados a continuación.

Opuestos universales		Opuestos orgánicos		Opuestos elementales		Opuestos impulsivos	
Cielo	Tierra	Fuego	Agua	Montaña	Lago	Viento	Trueno

Lo masculino (comenzando, yang) polariza con lo femenino (correspondiente, yin).

Padre (cielo)	Madre (tierra)
Hijo mayor (trueno)	Hija mayor (viento)
Hijo del medio (agua)	Hija del medio (fuego)
Hijo menor (montaña)	Hija menor (lago)

EJERCICIOS DEL MANUAL

1. ¿Cuál es el trigrama más parecido a usted? ¿Por qué se identifica con él? Piense sobre:
   • Su naturaleza espiritual.
   • Sus emociones y psicología.
   • Su salud y el mundo de sus sentidos, el mundo de las cosas materiales.
2. ¿Cómo manifiesta su energía en el mundo? Describa cuál es el trigrama más adecuado para este proceso.

CAPÍTULO CUATRO

CÓMO CONSTRUIR UN HEXAGRAMA

Desarrolle la habilidad para construir los hexagramas. Aprenda los métodos para el lanzamiento. Cómo identificar su hexagrama.

Los trigramas se pueden combinar de varias maneras para formar hasta sesenta y cuatro hexagramas. Cada uno es una unidad fuerte y resonante de significado en el I Ching, que se compone de trigramas, uno inferior y otro superior. El trigrama inferior indica el interior o las circunstancias anteriores a la situación; el superior significa el exterior o las futuras circunstancias con respecto a esa situación. La comprensión de las situaciones nos ayuda a la interpretación intuitiva de los hexagramas y nos permite interpretar los sistemas de energía que rodea la situación en la que nos encontramos.

Los hexagramas son los que contienen la sabiduría del I Ching. Cuando lo consulte, está buscando el hexagrama que más empatice con usted en su búsqueda del conocimiento sobre su vida.

MÉTODOS PARA EL LANZAMIENTO

Para determinar el hexagrama relevante, necesitará proceder con un lanzamiento. Esto se realiza lanzando monedas o utilizando medios similares, mientras reflexiona sobre su pregunta. Cada vez que lance las monedas, tendrá un resultado que puede ser ilustrado por una línea yin o yang. Si se lanzan las monedad seis veces, tendrá seis líneas, las cuales unidas formarán un hexagrama.

Antes de examinar este proceso, analicemos brevemente los métodos utilizados comúnmente para el lanzamiento; las monedas es apenas uno de ellos. Tradicionalmente, se utilizaban las varitas de aquilea, pero lleva tiempo, y veremos el método del lanzamiento de las chaquiras (ver páginas 86-87), que se acerca al lanzamiento de las varitas. Hoy, existen hasta programas de computador para el lanzamiento del I Ching. Según los maestros taoístas, las monedas es una manera noble de consultarlo, tienen energía equilibrada y se pueden cargar de sus vibraciones.

LAS MONEDAS

Cuando consulta el oráculo, una energía determinada fluye a través de usted. Esta energía será comunicada a las monedas. Cuando se haya vuelto más hábil en la consulta del I Ching, se dará cuenta que en el momento de lanzarlas, tiene lugar una cierta conexión intensa. Durante este estado de conexión, las monedas se impregnan con cierta vibración. Cada vez que utilice las monedas con esta conexión, recibirán más energía. Entre más se carguen de energía, más fácil será lograr una conexión pura con los orígenes verdaderos del I Ching y las respuestas tendrán mayor significado.

LA SELECCIÓN DE LAS MONEDAS

Si cambia constantemente las monedas, nunca se establecerá la energía necesaria con ellas y si usa las monedas que actualmente se encuentra en circulación, estarán llenas de toda clase de vibraciones porque el dinero constantemente cambia de manos.

Por eso es de gran importancia la escogencia de monedas para la lectura del I Ching. Debe utilizar tres monedas idénticas. Todo lo que contenga hierro debe ser evitado, ya que, en la mayoría de los casos, el hierro (el metal de Marte), no es favorable para las conexiones superiores. Se dice que los seres sutiles como las hadas odian el hierro y lo evitan, el cobre, siendo el metal de Venus, es excelente para recibir y almacenar vibraciones sutiles. En la India, las ollas y diversas herramientas y cacerolas que se utilizan para las *pujas* o *yajnas* (rituales de conexión con los mundos de los dioses) son hechas de cobre. El oro es la primera opción, pero es demasiado costoso y el cobre es una buena alternativa.

Si se ve obligado a utilizar monedas que se encontraban en circulación, sería bueno dejarlas en remojo por algunos días en agua salada para su purificación. Algunas personas prefieren utilizar monedas chinas viejas que se pueden adquirir en algunas filatelias. A pesar de que la mayoría de estas monedas no son antiguas, tienen la ventaja de no haber sido utilizadas como dinero. La forma de las moneda —un círculo con un cuadrado en la mitad— también son relevantes. El círculo representa el cielo y el cuadrado la tierra. No hay necesidad de limpiar las monedas chinas con químicos.

UTILIZACIÓN DE LA MANO IZQUIERDA

Algunas personas siempre utilizan su mano izquierda para lanzar las monedas, ya que el lado izquierdo del cuerpo corresponde al hemisferio derecho del cerebro, el cual se cree más intuitivo y de más inspiración que el hemisferio izquierdo.

En la tradición tántrica de la India, el lado izquierdo del cuerpo es gobernado por el *nadi*, o canal de energía llamado *ida*. El ida nadi conduce la conciencia hacia los mundos interiores. El propósito del I Ching es profundizar el conocimiento de los mundos espirituales. La utilización de la mano izquierda, en el lado del ida nadi, facilitará este procedimiento. La mano izquierda también se conoce como "la mano del corazón" y es, precisamente entonces, cuando la pregunta viene del corazón y no de la mente, cuando el oráculo del I ching le proporcionará las respuestas más acertadas

INSTRUMENTOS PARA UN RITUAL

Trate sus monedas con respeto, como instrumentos para un ritual, esto ayudará a pulir su energía. Asegúrese de que sus monedas reciban atención positiva y energía concentrada.

Trate de no prestar sus monedas ya que esto podría generar confusión de energías y reducirá la pureza en la comunicación con el oráculo. Si otra persona las emplea sin respeto o las utiliza para hacer preguntas basadas en la ambición, usted habrá perdido su gran esfuerzo.

Entre las sesiones del I Ching, guarde sus monedas en un recipiente que no sea de metal. El ideal sería una caja de madera. Ésta las protegerá de ser contaminadas por la energía de otros objetos. Asegúrese de mantener la caja en un lugar tranquilo.

EL MÉTODO DE LANZAMIENTO DE LAS MONEDAS

ASIGNACIÓN DE VALORES

Asigne el valor 2 a un lado de la moneda. Éste es el lado yin, porque los números pares son asociados con el yin. Tradicionalmente, el sello de la moneda es yin.

Asigne el valor 3 al otro lado de la moneda. Éste es el lado yang, ya que los números impares son asociados con el yang. Tradicionalmente, la cara de la moneda es yang.

Tome las tres monedas en su mano izquierda. Piense un momento en la pregunta que va a formular. Debe ser una pregunta que provenga de su corazón (ver página 38). Mientras reflexiona sobre su pregunta, lance sus tres monedas.

Sume los valores asignados a los lados de las monedas según el lado en que caigan y escriba los resultados. Éstos sólo pueden ser 6, 7, 8 ó 9. Esta suma se convertirá en la primera línea del hexagrama (abajo). Algunos resultados le proporcionarán una línea mutante, en donde yin o yang puede cambiar a lo opuesto (ver páginas 90-97).

Lanzamiento	Valores de la moneda	Valor lanzado	Línea	Mutante
Sello, sello, sello	2 + 2 + 2	6	—X—	Sí, símbolo X
Sello, sello, cara	2 + 2 + 3	7	———	No
Sello, cara, cara	2 + 3 + 3	8	— —	No
Cara, cara, cara	3 + 3 + 3	9	—O—	Sí, símbolo O

Recoja las monedas y vuélvalas a lanzar. Sume los valores asignados a los lados que se ven y escriba los resultados, escríbalos encima del resultado del primer lanzamiento.

Repita el proceso, escribiendo el resultado encima del anterior, hasta que haya lanzado las monedas un total de seis veces.

Ejemplo:

Sexto lanzamiento	sello, cara, cara	$2 + 3 + 3 = 8$	——— ———
Quinto lanzamiento	sello, sello, cara	$2 + 2 + 3 = 7$	—————————
Cuarto lanzamiento	sello, sello, sello	$2 + 2 + 2 = 6$	———✕———
Tercer lanzamiento	sello, cara, cara	$2 + 3 + 3 = 8$	——— ———
Segundo lanzamiento	cara, cara, cara	$3 + 3 + 3 = 9$	———◯———
Primer lanzamiento	sello, sello, cara	$2 + 2 + 3 = 7$	—————————

Dibuje el hexagrama de acuerdo a la tabla en la página 83. La primera línea de un hexagrama es la de abajo, así que es importante recordar que un hexagrama siempre debe ser construido de abajo hacia arriba. Esto simboliza la ascendencia de la tierra al cielo, reflejando el crecimiento natural. Dibuje una línea mutante yin con una "X" en la mitad y una línea mutante yang con un "O" en la mitad.

LA FORMULACIÓN DE LA PREGUNTA

Cuando lance las monedas o chaquiras para construir el hexagrama que va a contestar su pregunta (ver página 37-41), concéntrese en tan sólo una pregunta. Si cambia la pregunta en el momento de lanzar las monedas, es mejor detener todo y volver a comenzar de nuevo un minuto más tarde. La pregunta debe permanecer exactamente igual hasta que haya terminado de construir el hexagrama. Cualquier cambio en la formulación disminuye la concentración y conexión suya con los seres superiores y puede afectar el valor de la respuesta del oráculo. Es incorrecto tener una pregunta principal y luego tener varias preguntas diferentes cada vez que lance sus monedas o chaquiras.

EJERCICIOS DEL MANUAL

1. ¿Qué hexagrama obtendrá como resultado de estos lanzamientos de monedas?
   - Tres sellos.
   - Tres caras.
   - Dos caras, un sello.
   - Una cara, dos sellos.
   - Dos caras, un sello.

   (Consejo: comience la construcción de su hexagrama de abajo hacia arriba).

2. ¿Qué tendría que lanzar para obtener éste hexagrama?

Ver página 184 para las respuestas.

EL MÉTODO DE LANZAMIENTO DE LAS CHAQUIRAS

Éste es un método útil para el lanzamiento, ya que se asemeja al método antiguo de lanzamiento con las varitas de aquilea, pero no es tan complejo.

Es importante que el tamaño de las chaquiras sea igual, se pueden utilizar cristales, piedras o botones, pero todos del mismo tamaño.

Necesitará una bolsa con:
- Tres chaquiras rojas.
- Siete chaquiras amarillas.
- Cinco chaquiras verdes.
- Una chaquira azul.

ASIGNACIÓN DE UNA LÍNEA A CADA CHAQUIRA

Chaquira	Línea	Mutante
Roja	———○———	Sí, símbolo O
Amarilla	——— ———	No
Verde	—————————	No
Azul	———✕———	Sí, símbolo X

1. Tome la bolsa de las chaquiras en su mano izquierda.
2. Dedique un tiempo prudente a formular su pregunta. Debe ser una pregunta que provenga del corazón.
3. Mientras piensa en su pregunta, saque una chaquira de la bolsa. Tome nota de la línea asignada a esta chaquira, con una "X" en el centro para una línea yin mutante y con una "O" en la mitad para una línea yang mutante. Ésta será su primera línea del hexagrama.
4. Saque otra chaquira de la bolsa. Tome nota de la línea asignada a ésta, escribiendo el resultado encima de la primera.
5. Repita el proceso, escribiendo cada resultado encima del anterior, hasta que haya completado los seis lanzamientos. Ahora ha completado su hexagrama.

EJERCICIOS DEL MANUAL

1. Observe el hexagrama que se encuentra abajo. Fue construido por una persona que utilizó tres monedas para el lanzamiento. ¿Qué lanzamientos de monedas produjeron este hexagrama? Escríbalos.

2. El hexagrama de la parte inferior, fue construido por una persona que utilizó chaquiras para el lanzamiento. ¿Qué lanzamientos de chaquiras produjeron este hexagrama? Escríbalos.

Ver página 184 para las respuestas.

3. Formule la pregunta que usted desee que el I Ching le responda y luego:
   • Lance las monedas seis veces.
   • Al mismo tiempo construya su hexagrama.

4. Formule la pregunta que usted quiera que el I Ching le responda y luego:
   • Proceda con un lanzamiento de chaquiras.
   • Al mismo tiempo construya su hexagrama.

5. Tome notas sobre cada proceso. ¿Cuál fue más efectivo para usted? ¿Por qué cree que fue así?

CÓMO IDENTIFICAR SU HEXAGRAMA

Existen sesenta y cuatro hexagramas, o gua, cada uno tiene un número asignado del 1 al 64. Los encontrará en el capítulo seis. Para identificar el número que le corresponde, consulte el cuadro en la página 192. Divida su hexagrama en dos trigramas. Observe el trigrama superior. Encuentre un trigrama igual en la fila superior de la tabla. Ahora, observe las tres últimas líneas de su hexagrama —el trigrama inferior— y encuentre un trigrama igual en la columna de la tabla. Trace una línea hacia abajo partiendo de la fila y otra que salga de la columna. En el punto donde se unan estas dos líneas encontrará un hexagrama idéntico al suyo con su respectivo número.

El cuadro en la página 192 también le muestra el número de la página en el capítulo seis donde encontrará la descripción de su hexagrama. Lea la introducción al capítulo seis y luego busque el hexagrama. Lea su juicio o comentario, y relacione esta información con la pregunta que se formuló al comienzo del lanzamiento.

CÓMO INTERPRETAR SU HEXAGRAMA

Tomese unos minutos para analizar la estructura del hexagrama antes de proceder con su interpretación. Hay que resaltar que éstos son símbolos poderosos y que trabajan sobre la psíquis cuando meditamos desde lo espiritual. Es importante que usted se vuelva receptivo a estos símbolos, como la imagen que se obtiene de la configuración de seis líneas continuas o discontinuas. Cada una de las seis líneas en un hexagrama puede ser una línea continua yang o una línea discontinua yin. El simbolismo taoísta asocia las líneas yang con el falo y la línea yin con la abertura de órgano sexual femenino. La línea discontinua yin tiene connotaciones de suavidad y receptividad, mientras que la línea recta yang evoca fuerza y resistencia.

GUARDE LOS ELEMENTOS DEL I CHING EN UN LUGAR SEGURO

Mantenga su manual del I Ching, este manual, y sus monedas o chaquiras envueltas en una tela tanto por su seguridad como por su privacidad.

EJERCICIOS DEL MANUAL

1. Ahora que ya practicó ambos métodos, las monedas y las chaquiras, ¿cuál de éstos prefiere? ¿Por qué? Si uno de los dos métodos le agrada más que el otro, trabaje con ese método, puliendo la forma de manipulación de las monedas o chaquiras.

2. Ensaye los siguientes rituales —o uno propio— antes de consultar el I Ching:

   • Practique una meditación mientras sostiene las monedas o chaquiras en su mano.

   • Lave las monedas o chaquiras con agua fresca y sosténgalas en su mano hasta que se sientan tibias.

   • ¿Siente que sus lecturas son más acertadas cuando practica estos rituales?

3. ¿Siente el deseo de practicar otros métodos de lanzamiento? En caso de que sí, especifíquelos en su diario del I Ching.

CAPÍTULO CINCO

LECTURA AVANZADA DEL HEXAGRAMA

Descubra los significados más profundos de los hexagramas. Qué son líneas mutantes, hexagramas progresados, y hexagramas nucleares.

Cuando construya un hexagrama que contiene líneas mutantes, estas líneas le ofrecen la posibilidad de crear un segundo hexagrama. Tener dos hexagramas para analizar su pregunta le dará más información e iluminación. En este capítulo examinaremos:

- El concepto de las **líneas mutantes**.
- La **construcción** de un hexagrama de otro que contiene líneas mutantes.
- Los **hexagramas secundarios** que resultan de este proceso.
- El **hexagrama nuclear**.

LÍNEAS MUTANTES

La idea de las líneas mutantes se basa en el concepto que cuando yin alcanza su máximo estado se vuelve demasiado fuerte para permanecer equilibrado, así que se transforma en yang. De la misma manera, cuando yang logra su estado máximo, para mantener el equilibrio, se transforma en yin. Las líneas mutantes son una indicación del futuro posible, el rumbo que podrá tomar la situación o lo que deberá tener en cuenta. Las líneas mutantes indican que su situación actual se encuentra en un estado de transformación.

Cuando esté construyendo su hexagrama, se dará cuenta de cuáles líneas de su hexagrama están afectadas por una línea mutante o móvil. Si utilizó el método de las monedas, encontrará que el hexagrama puede contener líneas mutantes si las monedas lanzadas tienen el valor 6 ó 9.

Valor del lanzamiento	Línea	Línea mutante	Cambios a
6	Yin	Sí	Yang
7	Yang	No	
8	Yin	No	
9	Yang	Sí	Yin

Cuando una o más líneas mutantes aparecen en un hexagrama, pueden dar origen a un segundo hexagrama proveniente del primero. El principio es simple: en su segundo hexagrama, todas las líneas fijas del primer hexagrama quedarán iguales. Todas las líneas mutantes del primer hexagrama se transforman en su opuesto. Entonces las líneas mutantes yin se convierten en líneas fijas yang y las líneas mutantes yang, se convierten en líneas fijas yin.

Mutuación de un hexagrama

POSICIÓN Y DEFINICIÓN DE UNA LÍNEA MUTANTE

La posición de una línea mutante puede mostrar la jerarquía y el estatus de cambio. Por ejemplo, una línea mutante en la línea inferior, o de la primera posición, hará referencia a una situación que va a comenzar, mientras que una línea mutante en la línea superior o sexta posición, se refiere a una situación que está por terminar.

Es la naturaleza de yang resonar con los números impares. Si una línea sólida yang se encuentra en la primera, tercera o quinta línea de un hexagrama, esto es favorable y se le llama *línea correcta de yang*. Si un yang cae sobre cualquier otra línea, se le llama incorrecta.

Yin se identifica con los números pares y una línea yin discontinua por lo general cae sobre la segunda, cuarta o sexta posición de un hexagrama. Si una línea yin cae sobre una de estas tres líneas, la situación recibe el nombre de *línea correcta de yin*, y si no, se llama incorrecta. Si una línea yin ocupa una posición yang, puede significar inseguridad o un sentimiento de incapacidad frente a la situación presente. Si una línea yang ocupa una posición yin, sus acciones pueden ser demasiado fuertes para la labor que se debe realizar.

Cada línea en un hexagrama también tiene una resonancia particular con las otras líneas; existe una relación entre la línea primera y la cuarta, la segunda y la quinta, y la tercera y la sexta (ver páginas 92-94).

POSICIÓN/LÍNEA 1 (POSICIÓN INFERIOR, PRIMERA LÍNEA): Representa el comienzo de una situación, todas las posibilidades están abiertas. Entramos en una situación como recién llegados y necesitamos encontrar nuestros senderos y pelear para sobrevivir. La primera línea representa la gente común, la conciencia colectiva y las tradiciones. Puede significar la persona ignorante y simple, el trabajador inexperto, el no tener título profesional y una influencia muy débil. Sugiere el denominador común más inferior.

Línea correcta de yang: tiene una actitud saludable y está bien enfocado, bien centrado y es confiable.

Línea incorrecta de yin: un comienzo difícil, malas bases y peligro.

POSICIÓN/LÍNEA 2: En esta posición es preferible una línea móvil. Es el lugar para el liderazgo menor, de un oficial en relación directa con el gobernante de posición media, también en el trigrama superior sobre la quinta línea. Tiene relación con los gerentes de oficina y los oficiales públicos con poder limitado quienes son subordinados a poderes más altos. Es una posición segura, donde se evitará el conflicto directo con la autoridad. La situación ha avanzado, pero seguirán otros pasos.

Línea correcta de yin: está abierto a sugerencias y nuevos contactos, ambiciones exageradas, está contento.

Línea incorrecta de yang: sufrirá a causa de tanta rigidez, ambiciones exageradas y testadurez.

POSICIÓN/LÍNEA 3: Este es el lugar indicado para una línea firme. A menudo, esta posición no es favorable y se muestra el peligro. Como esta línea está emparejada con la sexta, indicando la parte superior del trigrama superior, una línea mutante en esta posición puede simbolizar una situación en donde se ve un intento de abandonar el trigrama inferior (el cual tiene un grado inferior y un poder más débil que el trigrama superior).

Las transiciones, la escala social y las posiciones de mando en los departamentos son señaladas aquí. Podemos vernos enfrentados a muchos peligros y cosas fuera de nuestro control por las cuales recibiremos la culpa. Es el comienzo del nivel humano, siendo así la posición más difícil. Queremos avanzar, tomando riesgos que nos permitirán ganar o perder. Como lugar de tránsito entre el trigrama inferior y superior, puede ser peligroso. Una línea yin en la tercera posición puede ser una advertencia.

Línea correcta de yang: puede tomar decisiones claras y tener la confianza de avanzar.

Línea incorrecta de yin: puede sentirse demasiado delicado o estresado, sus nervios están débiles.

POSICIÓN/LÍNEA 4: En la posición inferior del trigrama superior, rompemos la barrera que necesitamos y nos encontramos ahora en la corte interior (simbolizado por el trigrama superior), bajo la mirada del gobernante de la quinta línea. Esta es la posición de un ministro, oficial de alto rango, un vicepresidente, un asistente de personal de una persona muy importante, el procurador del maestro, o la clase media alta. Logró superar las primeras dificultades y pasó las evaluaciones. ¿Qué sigue ahora? Se encuentra ahora en una situación de confianza. Esto requiere de extrema humildad y cautela; si algo sale mal, usted será la primera persona cuya reputación se perjudicará. Es favorable una línea opuesta a la quinta o sexta, para evitar conflicto.

Línea correcta de yin: es simpático, de buen corazón y abierto.

Línea incorrecta de yang: cuídese de difamaciones y sea cauteloso. No se vuelva insensible o de mal genio; mantenga su gracia y dignidad.

POSICIÓN/LÍNEA 5: Este es el sitio del gobernador y debe ser una línea yang. Se encuentra en el centro del trigrama superior y controla todo el hexagrama. El gobernador posee la posición más superior en el hexagrama. Esta línea representa la cabeza de la familia, el rector, el rey, el papa, el general de mayor rango, o la persona principal en cualquier situación. Esta línea es favorable. Cuando se encuentra en la quinta línea, la situación ha alcanzado su tope o usted se dio cuenta de su poder natural antes de comenzar su descenso. Es bueno, para esta línea, ser opuesta a la segunda y cuarta, para evitar el conflicto.

Línea correcta de yang: se encuentra en su punto más alto; sin embargo, busque la segunda línea como ayuda. Es favorable si ésta se encuentra en yin, ya que le traerá ayuda muy necesaria para sus esfuerzos.

Línea incorrecta de yin: ha alcanzado su punto más alto; sin embargo, debe estar alerta. Es una ayuda si la segunda o la cuarta línea es yang.

POSICIÓN/LÍNEA 6: Representa al sabio que ha dejado atrás los asuntos del mundo. El consejero sabio, un miembro honorario, la autoridad espiritual más alta. Una persona abandonando la sociedad o que ya la abandonó. Emergen preguntas sobre la sucesión.

Línea correcta de yin : Se siente mentalmente abierto e intuitivo y es capaz de escuchar las señales espirituales.

Línea incorrecta de yang : se siente atado al mundo material y deja que lo manipulen.

EL HEXAGRAMA PROGRESADO

El hexagrama secundario también es conocido como el **hexagrama progresado** (*zhi gua*) o el hexagrama transformado. Indica sus circunstancias futuras, en donde el primer hexagrama indica su situación actual. El hexagrama progresado le dirá cuáles son los resultados a corto y largo plazo.

La posición de una línea mutante tiene una interpretación diferente. Estas interpretaciones sólo son una verdad general, naturalmente, hay muchos cambios leves que pueden variar este patrón, dependiendo de la pregunta. Preste especial atención a lo que sucede alrededor de la quinta línea, ya que ésta es el líder, el gobernador o anfitrión.

Un hexagrama puede tener hasta seis líneas mutantes. Entre más líneas mutantes tenga, más cambiantes, fluídas y transitorias serán sus circunstancias. Las dinámicas de las líneas mutantes amplían los sesenta y cuatro hexagramas en más de cuatro mil posibilidades. Como existen sesenta y cuatro hexagramas originales posibles, y cada uno puede cambiar a uno de los sesenta y cuatro hexagramas finales, el número de combinaciones posibles es de 4,096 (64 x 64).

Si un hexagrama no tiene ninguna línea mutante, la respuesta del I Ching es bien definida y la situación en la que se encuentra es fija. Cuando un hexagrama no tiene líneas mutantes, se llama un **hexagrama cerrado**.

INTERPRETACIÓN DE SU HEXAGRAMA PROGRESADO

Cuando haya convertido las líneas mutantes, deberá analizar el significado del hexagrama nuevo, la relación y la yuxtaposición de sus líneas. Haga lo siguiente:

1. Para el hexagrama original, consulte el cuadro siguiendo su descripción. Éste cuadro le dará una descripción breve de las líneas mutantes relevantes. La posición de una línea mutante puede mostrar la jerarquía y el estatus del cambio. Por ejemplo, una línea mutante en la línea inferior, o primera posición, se referirá al comienzo de una situación, mientras que una línea mutante en la línea superior o sexta posición, tiene que ver con el final de una situación.

2. Consulte la descripción del hexagrama progresado.

3. Si no existen líneas mutantes, sólo tendrá que leer una descripción del hexagrama (ver capítulo seis). No se crea ningún hexagrama progresado ya que no existe ningún cambio. Esto puede indicar una situación estable o estancamiento en su situación actual.

EJERCICIOS DEL MANUAL

1. Imagine haber hecho la pregunta: "¿Debo unirme al comité, club o grupo como ayudante?". Supongamos que usted hizo un lanzamiento de monedas, produciendo un hexagrama que se ve así: Su hexagrama progresado es:

2. Busque la descripción del hexagrama 16 (ver página 125) y revise los comentarios breves sobre las líneas 3 y 4 del cuadro sobre las líneas mutantes de esa página. Luego lea las descripción del hexagrama 15 (ver página 124).

3. ¿Qué le revela el hexagrama 16 sobre su situación actual? Escriba su opinión en el diario del I Ching.

4. ¿Qué le revela el hexagrama 15 sobre su futuro? Escriba su opinión en su diario del I Ching.

CUÁL LINEA MUTANTE DEBE LEER

La siguiente lista le indicará maneras adicionales para leer su hexagrama, si tiene líneas mutantes. Para más claridad, si tiene varias líneas mutantes (las cuales pueden indicar cambios rápidos), deberá saber cuál de estas líneas es la más importante, ya que ésta muy seguramente tendrá la clave para su situación.

Para una línea mutante, registre su consejo y también su posición. Tome nota de la jerarquía de las líneas, como la línea 6 que está fuera de la situación o representando la guía espiritual y la línea 5 que se encuentra en la posición del poder (ver páginas 92-94).

Para dos líneas mutantes, sólo existen dos tipos de combinación. Cuando son del mismo tipo, sólo analice la línea inferior. Por ejemplo, si tiene dos líneas mutantes yang, sólo lea la posición inferior yang, ya que ésta es la esencia de la situación y tiene el mayor poder aquí. Si una línea mutante es fija (yang) y la otra es móvil (yin), sólo analice la línea mutante móvil. La línea yin muestra la esencia interior de la situación y por ello tiene la mayor importancia.

Para tres líneas mutantes, sólo analice la línea mutante central. Esto se hace de acuerdo al principio taoísta en donde la mitad muestra la línea más importante.

Para cuatro líneas mutantes, el énfasis se encuentra sobre las dos líneas que no cambian. Con tanto cambio, la integridad se encuentra donde éste no existe. De las dos líneas estables, preste especial atención a la línea superior que no cambia. Así contrasta y distancia la situación para que pueda verla claramente. Es como si nos retiráramos y luego miráramos desde atrás.

Para cinco líneas mutantes, observe la única línea que no cambia. Entre más líneas mutantes, más dinámica y dramática será la situación. La línea que no cambia controla toda la situación.

Para seis líneas mutantes, consulte la descripción del nuevo hexagrama progresado. No se moleste en leer cualquier línea mutante del hexagrama original, porque antes de que se dé cuenta, se habrá cambiado a su opuesto.

EL HEXAGRAMA NUCLEAR

Éste es otro hexagrama que se puede construir del hexagrama original. Dentro de cada hexagrama, existen dos núcleos, o trigramas "escondidos", que forman otro trigrama. El hexagrama nuclear (*hu gua*) también se conoce como el hexagrama núcleo, mutuo o interior, y contiene aspectos escondidos de su situación. Puede señalar la raíz de un problema debajo de los aspectos superficiales, revelando la clave del origen de la situación.

Para construir un hexagrama nuclear, retire las líneas exteriores (líneas 1 y 6) del hexagrama original. Los sabios antiguos consideraban la primera y última etapa de cualquier situación como débil e inestable. La etapa más importante se encuentra en el centro, quedando las líneas 2, 3, 4 y 5 del hexagrama original. Para construir su hexagrama nuclear:

- Construya el trigrama interior "nuclear inferior" con las líneas 2, 3 y 4.
- Construya el trigrama interior "nuclear superior" con las líneas 3, 4 y 5.

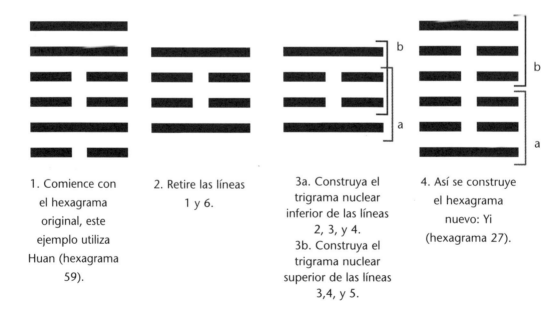

1. Comience con el hexagrama original, este ejemplo utiliza Huan (hexagrama 59).

2. Retire las líneas 1 y 6.

3a. Construya el trigrama nuclear inferior de las líneas 2, 3, y 4.
3b. Construya el trigrama nuclear superior de las líneas 3,4, y 5.

4. Así se construye el hexagrama nuevo: Yi (hexagrama 27).

LOS HEXAGRAMAS NÚCLEO

Todos los hexagramas nucleares eventualmente se reducen a cuatro. Se reducen a los dos primeros y a los dos últimos hexagramas en la secuencia de los sesenta y cuatro hexagramas: Qian (cielo, hexagrama 1: el iniciador) y Wei Ji (hexagrama 2: el que responde), Ji Ji (hexagrama 63: el ya completo) y Wei Ji (hexagrama 64: aún no completo), y se les llama "el núcleo del nuclear". Cada uno ilustra los varios procesos dentro del ciclo de la vida según el I Ching: creación, respuesta, terminación y transición.

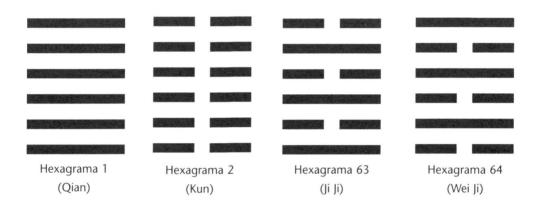

| Hexagrama 1 | Hexagrama 2 | Hexagrama 63 | Hexagrama 64 |
| (Qian) | (Kun) | (Ji Ji) | (Wei Ji) |

Aparte de los cuatro hexagramas núcleo de arriba, (1, 2, 3 y 64), existen otras doce posibilidades para construir hexagramas nucleares. Estas otras posibilidades están divididas en cuatro grupos de tres. Cada grupo se relaciona con uno de los hexagramas reducidos finales: 1, 2, 63 ó 64. Cada grupo tiene su propio significado central.

Cuando haya construido sus trigramas nucleares, reagrúpelos para crear un nuevo hexagrama. Consulte el cuadro en la página 192 y determine el número de su hexagrama nuclear. Consulte los cuadros en las páginas 100-102 para ver a qué grupo pertenece su hexagrama nuclear.

LOS CUATRO HEXAGRAMAS NUCLEARES

Grupo	Significado
1	(iniciador) su carácter es la energía yang, aconseja que actúe.
2	(el que responde) el carácter de este grupo es yin, que lo aconseja a actuarsabiamente y a ser consecuente. No se apresure.
63	(el ya completo) su carácter simboliza el logro y representa la habilidad y un periodo de éxito. Esta situación se ha presentado gracias a la perseverancia, pero puede ser complaciente, no se confíe. Para cada éxito logrado, existe también alguna pérdida. Sea respetuoso y responsable.
64	(aún no completo) Es el comienzo de un nuevo ciclo cuando todo está en el limbo y todas las líneas se encuentran incorrectamente situadas según su naturaleza yin y yang, pero están asociadas y los asuntos son prometedores. Representa transición. Cumpla sus promesas, sea altruista y no sea avaro.

LOS GRUPOS DE HEXAGRAMAS NUCLEARES

Grupo 1

Hexagrama nuclear	Hexagrama original	Significado
28 (Gran excedente)	30, 55, 56, 62	No haga nada que exceda su límite y tendrá buena suerte.
43 (Eliminador)	14, 32, 34, 50	Cinco líneas yang eliminan yin. Las cosas parecen fáciles en el momento pero no se confíe. Sea justo. Demuestre algún grado de vulnerabilidad. Sea el ganador siendo amplio y virtuoso. Como los trigramas que conforman este hexagrama son el lago (placer) sobre el cielo (creatividad), puede ser agradablemente sorprendido por el resultado de una aventura creativa.

Grupo 1, continuación

Hexagrama nuclear	Hexagrama original	Significado
44 (Encuentro)	13, 31, 33, 49	Yang no debe menospreciar la fuerza creciente de interacción entre yin y yang. Debe ser equilibrado.

Grupo 2

Hexagrama nuclear	Hexagrama original	Significado
23 (Alejándose)	3, 8, 20, 42	Cuando la energía yin está creciendo es como el otoño.Es mejor estar quieto y no moverse demasiado. Proteja el interior y cuídese del decaimiento. Con el tiempo seguirá creciendo. La concentración es más hacia el movimiento interior, como el pensar y la planeación. Fortalezca su alma, y nutra el yin, sea amable consigo mismo y con los demás.
24 (Devolviéndose)	4, 7, 19, 41	Es mejor seguir fielmente, cuide activamente lo femenino y aprenda sus lecciones ahora. Estas preparaciones lo beneficiarán en un futuro no tan lejano.
27 (Nutrición)	29, 59, 60, 61	Nutra su cuerpo al igual que su espíritu. Las dos líneas yang se encuentran en los extremos, abajo y arriba, encerrado a yin en la mitad. Parece una olla sobre la estufa, sugiriendo la necesidad de nutrirse usted y de apoyar a las demás personas.

Grupo 63

Hexagrama nuclear	Hexagrama original	Significado
38 (Diversidad)	5, 9, 48, 57	En la diversidad todavía existe similitud de funciones. Se debe estudiar el significado de esto y encontrar el hilo común de todas las cosas.
40 (Alivio)	15, 22, 36, 52	La tormenta ya pasó y se resolvió el conflicto. Yin y yang armonizan nuevamente. El peligro ya no existe.
54 (Doncella que se casa)	11, 18, 26, 46	El hijo mayor (trueno) puede hacerle daño a la hija menor (lago). Como las cosas no están bien, puede sentirse obligado a encontrar el camino medio y hacer lo correcto.

Grupo 64

Hexagrama nuclear	Hexagrama original	Significado
37 (Casa)	6, 10, 47, 58	El principio de administrar una casa aplica también para gobernar un país. Aquí se trata de gerenciar. Todos deben sentirse parte de este proceso, conectando los mandos altos con los bajos. Sea consistente con sus labores buenas y responsabilícese de sus acciones.
39 (Penuria)	16, 21, 35, 51	El agua sobre la montaña sugiere la necesidad de ser cauteloso y sabio. Observe muy bien lo que sucede alrededor suyo. Trate de predecir el punto de la dificultad. Utilice la adivinación y busque más consejo de amigos de confianza.
53 (Desarrollo gradual)	12, 17, 25, 45	Sea claro y explore su camino de progreso y de avance. Esta es la imagen del elemento madera creciendo sobre la base del trigrama inferior de la montaña.

EJERCICIOS DEL MANUAL

Estos ejercicios son un resumen de los conceptos de este capítulo. Una vez los haya finalizado, trate de formular sus propias preguntas.

1. Construya un hexagrama progresado del siguiente lanzamiento de monedas. ¿Qué hexagrama construyó?
   - Sexto lanzamiento es 6 (yin).
   - Quinto lanzamiento es 7 (yang).
   - Cuarto lanzamiento es 8 (yin).
   - Tercer lanzamiento es 8 (yin).
   - Segundo lanzamiento es 7 (yang).
   - Primer lanzamiento es 9 (yang).

2. Un lanzamiento de moneda resultó en el siguiente hexagrama. ¿Es un hexagrama cerrado?
   - Sexto lanzamiento es 8 (yin).
   - Quinto lanzamiento es 7 (yang).
   - Cuarto lanzamiento es 7 (yang).
   - Tercer lanzamiento es 7 (yang).
   - Segundo lanzamiento es 7 (yang).
   - Primer lanzamiento es 8 (yin).

3. Elabore un hexagrama nuclear de este hexagrama original. ¿Qué hexagrama hizo?
   - La sexta línea es una línea yang.
   - La quinta línea es una línea yin.
   - La cuarta línea es una línea yin.
   - La tercera línea es una línea yin.
   - La segunda línea es una línea yang.
   - La primera línea es una línea yin.

   ¿Qué "siente" con el hexagrama nuclear, puede adivinar su significado oculto?

   ¿Cuál es el nombre del trigrama nuclear inferior, cuál es el nombre del trigrama nuclear superior?

   ¿Con qué miembros de familia se relaciona el trigrama nuclear inferior y superior?

Ver página 184 para las respuestas.

CAPÍTULO SEIS

LOS SESENTA Y CUATRO HEXAGRAMAS DEL I CHING

Aprenda acerca de cada hexagrama y su significado. Cómo interpretar las respuestas.

L os hexagramas contienen gran sabiduría. Algunos de sus significados son fuertemente simbólicos y requieren de mucha reflexión. Utilice esta lista de revisión para beneficiarse de la consulta de los hexagramas del I Ching.

ESTRATEGIAS PARA LEER LOS HEXAGRAMAS

A continuación veremos una útil lista de revisión de un método para la consulta y lectura del I Ching. Incluye guías de referencia importantes para algunas páginas de este manual que sirven para refrescar la memoria. Siguiendo un ritual, cada vez que consulte el I Ching, desarrollará más energía receptiva para concentrarse y finalmente encontrará su propio sendero. Aunque existen varios métodos, considere utilizar la siguiente estrategia como una posibilidad para acercarse a la sabiduría del I Ching:

1. Encuentre un **lugar** donde no sea interrumpido. Prepárese para distanciarse del mundo cotidiano (ver páginas 34-36).

2. Lleve su **Manual**, el **diario del I Ching,** y sus **monedas** o **chaquiras** a este lugar.

3. **Prepárese** para la consulta mediante una meditación simple (ver página 35).

4. Encuentre su **pregunta** (ver páginas 37-41).

5. Mientras piensa en su pregunta, **construya su primer hexagrama** (ver páginas 80-88), tomando nota de las líneas mutantes. Dibuje este hexagrama en su diario.

6. Verifique las tres líneas superiores (el trigrama superior) y las tres inferiores (el trigrama inferior). **Encuentre el número** de su hexagrama utilizando el cuadro en la página 192.

7. Busque la **definición del hexagrama** y registre en su diario cualquier comentario que le parezca importante en relación con su pregunta. Tambien puede consultar el significado de cada triagrama (ver paginas 47-79).

8. Revise la **posición de las líneas** del hexagrama (ver páginas 92-94).

9. Si su hexagrama le indica que hay **líneas mutantes**, debe leer el cuadro que se encuentra debajo del hexagrama. Consulte las páginas 90-97 para una definición de las líneas mutantes. Si existen más de dos líneas mutantes, averigue cuál de las líneas es la más relevante (ver página 97). Registre en su diario sus sentimientos.

10. En su diario del I Ching, **cambie las líneas mutantes** y conserve las que no ha cambiado del hexagrama original. (Ver páginas 95-96). Esto le dará su hexagrama progresado, que le ayudará a ver su futuro inmediato.

11. **Revise su número del hexagrama progresado** dividiéndolo en dos trigramas y consultando la página 192.

12. **Revise la definición de su hexagrama progresado** en el capítulo seis. Registre en su diario cualquier comentario que tenga importancia con el futuro inmediato de su situación.

13. Regrese a su hexagrama original y construya un **hexagrama nuclear** de las cuatro líneas centrales de su hexagrama. Esto le ayudará a obtener un análisis más profundo de la situación (Ver páginas 98-99).

14. **Revise el número del hexagrama nuclear** en la página 192.

15. Mire a qué **grupo** pertenece su hexagrama nuclear. Ver páginas 100-102 para la definición de los grupos.

16. Registre todos los **comentarios importantes sobre el hexagrama nuclear** en su diario del I Ching.

17. Permita que la **información adquirida se filtre** en su mente. Dibuje el hexagrama original, progresado y nuclear, uno al lado del otro, en su diario y observe las imágenes. Formule su pregunta nuevamente.

18. **Escriba sus pensamientos e impresiones**, relacionando la información que ha obtenido de los hexagramas. Se sorprenderá con los resultados.

CÓMO INTERPRETAR SU RESPUESTA

Los sabios del mundo espiritual transmiten mensajes que pueden ser desconcertantes, inesperados o impredecibles. Una pregunta a veces parece no ser respondida y en otras oportunidades puede desencadenar una extensa explicación.

La respuesta es que todo debe ser a su debido tiempo, y a veces sencillamente no vamos a obtener las respuestas a nuestras preguntas. Para comprender esto, y comprender cuáles son los mensajes que los sabios nos están enviando, debemos formular preguntas que vienen del corazón. Ésta es la única clase de preguntas que nos pueden ayudar a conectarnos con el mundo de la conciencia superior. Conectarnos con la energía que fluye a nuestro alrededor (la meditación es un método excelente para esto) nos ayudará a encontrar la pregunta correcta, la pregunta cuya respuesta ya se encuentra lista.

La interpretación de un mensaje del I Ching siempre es un proceso individual, proceso que con el tiempo y la práctica se tornará mucho más fácil. Cuando haya identificado el hexagrama que va con usted, deberá hacer asociaciones simbólicas personales para poder establecer una conexión entre el mensaje de su hexagrama con la pregunta que se ha formulado. Es importante escuchar la voz de su intuición sin que su mente lógica se interponga. Sus primeros pensamientos, imágenes o sentimientos son normalmente los verdaderos. El hecho de que el I Ching no es un sistema puramente racional lo ayudará a encontrar el valor y tener en cuenta su lectura subconsciente de la realidad cuando se encuentre en el proceso de buscar el entendimiento de las situaciones de su vida.

Lo que importa no es lo que está escrito en el texto del I Ching o en este manual, sino lo que despierta en su ser mientras lee el texto. Su mensaje puede aparecer en una serie de imágenes o símbolos, o a manera de una visión fugaz aparentemente sin relación alguna con lo que está escrito; deberá relacionar el mensaje con los elementos concretos de su situación actual. No existe un código fijo para las interpretaciones; cada símbolo deberá ser reinterpretado cada vez que consulte el I Ching, dependiendo de la situación o los antecedentes de la pregunta. La única manera de obtener habilidad en la consulta del I Ching, es cultivando una manera de pensar fluida y permitir que las asociaciones se produzcan libremente en su conciencia.

El I Ching no es un tratado de moral. Un presagio puede ser favorable o no. Si encuentra que su repuesta tiende a ser desfavorable, significa que aún queda trabajo por hacer y debe continuar buscando las profundidades de la situación, ya que hay temas todavía por descubrir. Ésta es una buena época para desarrollar la receptividad y la reflexión. La situación todavía presenta retos y éste es un buen momento para que usted se desarrolle.

Si la respuesta tiende a ser favorable, puede significar que su dirección es propicia. Siga y se dará cuenta de que su sendero se desenvuelve suavemente. El éxito llegará pronto. Pero tenga cuidado que no cambie a lo opuesto.

GUÍA PARA LOS HEXAGRAMAS

Cada hexagrama es introducido de la manera siguiente (se escogió el hexagrama 46 como ejemplo):

1. Número y nombre: 46, Sheng.
2. Conceptos nucleares: empuje hacia delante, ascendencia.
3. Atributos: crecimiento constante, incremento, elevación, primavera.
4. Nivel general de auspicio de cada hexagrama, es un buen presagio.

El siguiente cuadro le mostrará una explicación de los significados de los diferentes niveles de auspicio:

Nivel de auspicio	Significado
★★★ Indicación de excelente augurio.	El éxito lo acompaña.
★★ Signo de buen augurio.	Continúe haciendo lo que hace.
★ Signo de buena suerte.	Siga el sendero que escogió, pero sea cauteloso.
▲ Nadie tiene la culpa.	No importa lo que suceda, no es su culpa.
✚ El arrepentimiento desaparecerá.	Las cosas están cambiando para lo contrario.
✚✚ Puede tener mala suerte.	Sea cauteloso en sus acciones y pensamientos.
✚✚✚ Sea muy precavido. Es una advertencia.	Debe reflexionar; de pronto es conveniente que se detenga.

LAS LÍNEAS EN LOS HEXAGRAMAS

La posición de las líneas yin y yang dentro del hexagrama tiene un gran significado en el auspicio de todo el hexagrama. Es la naturaleza de yang resonar con los números impares. Si encontramos una línea sólida en la primera, tercera o quinta línea (líneas yang), del hexagrama, es buen augurio y nos referimos a ella como la "línea correcta de yang". Si encontramos a yang sobre cualquier otra línea, se le llama la "línea incorrecta de yang".

Yin tiene resonancia con los números pares y la línea discontinua a menudo se encuentra sobre la segunda, cuarta o sexta posición. Si una línea yin cae sobre cualquiera de éstas tres líneas, se le llama la "línea correcta de yin" y si no lo hace, se le llama la "línea incorrecta de yin ". Si una línea yin ocupa una posición yang, puede significar vacilación, un sentimiento de desequilibrio frente a la situación presente o falta de habilidad para actuar. Si una línea yang ocupa una posición yin, sus acciones pueden ser demasiado fuertes para la misión que debe cumplir.

Otras informaciones que puede utilizar para interpretar su hexagrama son:
- •Los ocho trigramas: ver paginas 44-79.
- •Las líneas mutantes: ver paginas 90-97.

LA SECUENCIA DE LAS LÍNEAS EN UN HEXAGRAMA.

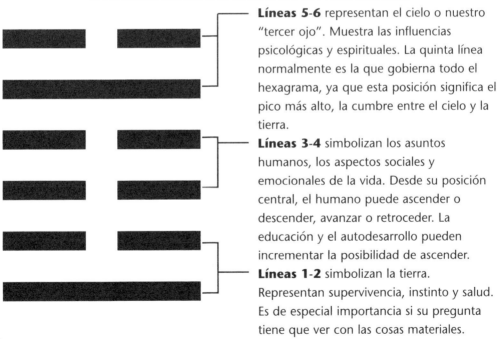

Líneas 5-6 representan el cielo o nuestro "tercer ojo". Muestra las influencias psicológicas y espirituales. La quinta línea normalmente es la que gobierna todo el hexagrama, ya que esta posición significa el pico más alto, la cumbre entre el cielo y la tierra.

Líneas 3-4 simbolizan los asuntos humanos, los aspectos sociales y emocionales de la vida. Desde su posición central, el humano puede ascender o descender, avanzar o retroceder. La educación y el autodesarrollo pueden incrementar la posibilidad de ascender.

Líneas 1-2 simbolizan la tierra. Representan supervivencia, instinto y salud. Es de especial importancia si su pregunta tiene que ver con las cosas materiales.

1 QIAN
EL CREATIVO/EL EMPERADOR
Atributos: Energía yang, éxito sublime

Comprende el cielo sobre el cielo, indicando que es como un emperador con un gran potencial de poder, fuerza y habilidad para alcanzar sus metas o visiones superiores.

Es muy importante que sea virtuoso en sus intenciones, consistente en sus metas y que asuma la responsabilidad de ser receptivo al poder superior; es nuestro destino cultivar completamente nuestro potencial celestial; no hacerlo es ir contra nuestro destino.

Este es un buen augurio. Cuando haya obtenido una perspectiva más amplia, será más próspero. Este hexagrama se relaciona con la energía primaria de la que emergen todas las formas de vida, es símbolo del éxito en los nuevos proyectos o relaciones si comprende cuándo emplear energía o desistir en éstos. Dedique tiempo a descansar y prepararse. Los cambios creativos están en movimiento. En los negocios, puede encontrarse en una fase de baja actividad y no es el momento para planes a largo plazo.

Tiene la fuerza suficiente para lograr sus metas, utilice esta fuerza únicamente de manera humana, amorosa, moral, sabia y justa. Si utiliza esta fuerza de manera excesiva, arrogante o ambiciosa fracasará y se encontrará atrapado en una red de corrupción; perderá las oportunidades debido a la complacencia e irresponsabilidad.

Línea	Lectura breve para la línea mutante	Nivel de auspicio
Línea 6	Los asuntos se deben dejar madurar de acuerdo a su ritmo.	✚ El arrepentimiento desaparecerá.
Línea 5	Este es el tiempo de actuar y de recibir consejos.	★ Signo de buena suerte.
Línea 4	Tendrá éxito, a pesar de haber comenzado mal, si mantiene intenciones claras.	▲ Nadie tiene la culpa.
Línea 3	Actividad constante y pensamiento claro le permitirán realizar sus metas.	▲ Nadie tiene la culpa.
Línea 2	El tiempo es apropiado para establecer una meta que desee alcanzar.	★ Signo de buena suerte.
Línea 1	Este es un tiempo para meditar y no para actuar.	★ Signo de buena suerte.

Nivel general de auspicio: ★★★ Este es un indicio de excelente augurio.
Trigrama del cielo: páginas 46-49. Líneas mutantes: páginas 90-97.

2 KUN

EL RECEPTIVO, MADRE TIERRA, LA REINA

Atributos: energía yin, el principio pasivo, receptividad para el consejo sabio

Este hexagrama comprende la tierra sobre la tierra, indicando que si usted es como la madre tierra y es receptivo a la energía del cielo, encontrará la abundancia. Este hexagrama representa el útero primario que da a luz, brindando una forma corporal a una nueva vida.

Este hexagrama le implora ser receptivo a las influencias del guía. Acuérdese que usted puede ser complaciente y ser receptivo a la voluntad del cielo y ser, al mismo tiempo, sincero consigo mismo. Escoger su propio sendero o seguir sus propias inclinaciones no es muy aconsejable en este momento. Siga el camino sabio de otro, ya que éste tendrá éxito. Pero, ¿cómo saber quiénes son sus amigos y mentores apropiados? Así como la madre ideal, usted también debe desarrollar el amor incondicional. Podrá aceptar a sus amigos como ellos son verdaderamente y estar en una mejor posición para comprender si lo que ellos dicen y hacen es sabio.

Evoca un acercamiento gentil, constante, firme y valiente a su tema. Siguiendo este camino probablemente tendrá que esperar un poco más de lo normal por la respuesta deseada, pero valdrá la pena. Actuar impulsivamente no le brindará resultados duraderos. Pensar que sólo usted puede controlar su decisión sólo lo llevarán al desastre, tratar de controlar todo hará que pierda el control.

Línea	Lectura breve para la línea mutante	Nivel de auspicio
Línea 6	Debe controlarse o las cosas le saldrán mal.	✚ El arrepentimiento desaparecerá.
Línea 5	Obtendrá gran éxito si se mantiene humilde y sigue órdenes.	★★★ Excelente augurio.
Línea 4	De pronto debe enredar un tema para evitar problemas mayores.	▲ Nadie tiene la culpa.
Línea 3	La autodisciplina y la sabiduría le traerán el éxito.	▲ Nadie tiene la culpa.
Línea 2	La acción de decisión individual le ayudará a lograr el éxito.	★ Signo de buena suerte.
Línea 1	Tenga paciencia y camine con cuidado.	★ Signo de buena suerte.

Nivel general de auspicio: ★★★ Este es un indicio de excelente augurio.

Trigrama de tierra: páginas 50-53. Líneas mutantes: páginas 90-97.

3 ZHUN
OBSTRUCCIÓN, DIFICULTAD AL COMIENZO

Atributos: el desarrollo de la conciencia, los procesos de aprender y estar alerta.

Este hexagrama comprende el agua sobre el trueno, lo que sugiere la imagen de nubes negras antes de la tormenta y la subsiguiente lluvia que cae. Éste aparenta ser un tiempo de oscuridad y desorden, pero tarde o temprano la lluvia y el trueno cesarán y las nubes se dispersarán, resolviendo el caos y ayudando a que las cosas germinen.

Este es un periodo en el que las situaciones nuevas están llenas de potenciales para desarrollar, así que debe concentrar sus energías en la preparación cuidadosa y en el tiempo apropiado, y fortalecer su habilidad para distinguir la realidad de la ilusión.

Tenga cuidado con las influencias corruptas a su alrededor que lo pueden desviar de su sendero verdadero. En esta etapa usted es joven e inocente, pero no se sienta vulnerable. Debe separar el orden del desorden. De pronto deberá separar ciertos lazos del karma —desenredar destinos entrelazados o evaluar ciertas dinámicas familiares— en particular cuando el negativismo se manifiesta dentro de la familia. Deberá analizar más detalladamente si está respondiendo a las ilusiones creadas por el aprendizaje falso o el condicionamiento social.

Éste no es el momento de actuar. Debe poner sus asuntos en orden y desconectarse temporalmente. Déjese guiar por los acontecimientos y podrá hallar una oportunidad.

Línea	Lectura breve para la línea mutante	Nivel de auspicio
Línea 6	Las cosas sólo pueden mejorar a partir de este punto.	✦ El arrepentimiento desaparecerá.
Línea 5	Su comportamiento debe ser regido por la consistencia y la propiedad.	✦ El arrepentimiento desaparecerá.
Línea 4	Aproveche una oportunidad que ha estado esperando hace tiempo.	★ Signo de buena suerte.
Línea 3	No persistir en un plan actual y no tratar de realizarlo a toda costa.	✦ El arrepentimiento desaparecerá.
Línea 2	El éxito está demorado pero asegurado.	✦ El arrepentimiento desaparecerá.
Línea 1	Los asuntos deben ser resueltos por un mediador imparcial.	★ Signo de buena suerte.

Nivel general de auspicio: ★★ Este es un indicio de buen augurio.

Trigrama de agua: páginas 62-65. Trigrama de trueno: páginas 54-57. Líneas mutantes: páginas 90-97.

4 MENG
TONTERÍA JUVENIL, LA TAZA VACÍA
Atributos: inmadurez, inexperiencia, perplejidad, confusión

Este hexagrama comprende la montaña sobre el agua, evocando las imágenes de un pequeño manantial en las montañas y la pureza de la mente joven, que es como una taza vacía. El carácter debe ser desarrollado de la misma forma como un arroyuelo debe ser dirigido hacia los canales fuertes, estables como las montañas.

Este es un tiempo en el que se debe reconocer la ingenuidad, suspender la desconfianza en lo desconocido, y permitir que una persona de mayor experiencia o experta en un área importante dirija e instruya. La montaña representa el conocimiento y el agua el viaje, combinados, sugieren un camino hacia las grandes cosas. Sea modesto y encontrará un maestro receptivo a sus necesidades.

Alternativamente, puede ser llamado a guiar a una persona más joven o de menos experiencia que usted, en cuyo caso usted deberá cultivar la paciencia, comprensión y consistencia, y con su pupilo, la sinceridad y la voluntad para el aprendizaje.

Si su alumno resulta ser demasiado exigente o incapaz de recibir instrucciones en este momento, permita que la indulgencia y amabilidad sean un buen ejemplo y guía para su alumno. Con el tiempo, la persona madurará estas dificultades.

Línea	Lectura breve para la línea mutante	Nivel de auspicio
Línea 6	La ignorancia debe ser corregida y no castigada.	▲ Nadie tiene la culpa.
Línea 5	La experiencia útil se puede adquirir a través de la curiosidad infantil.	★★ Signo de buen augurio.
Línea 4	La ignorancia y los errores pasados deben ser vencidos.	✚ El arrepentimiento desaparecerá.
Línea 3	La avaricia sólo puede traer mala suerte.	✚ El arrepentimiento desaparecerá
Línea 2	Sea tolerante con aquellas personas que se comportan de manera tonta.	★★ Signo de buen augurio.
Línea 1	El mal comportamiento exige reacción, pero el castigo no es la respuesta.	✚ El arrepentimiento desaparecerá.

Nivel general de auspicio: ★ Este es un indicio de buena suerte.

Trigrama de la montaña: páginas 70-73. Trigrama del agua: páginas 62-65. Líneas mutantes: páginas 90-97.

5 XU

PACIENCIA CONFIABLE, CALMA PERMANENTE

Atributos: espera, necesidad de alimento, inactividad calculada

Este hexagrama comprende el agua sobre el cielo, lo que sugiere nubes en los cielos que eventualmente traerán lluvia y brindarán alimento desde lo alto. La lluvia refresca todo lo que crece y finalmente le brinda al ser humano comida y bebida. Este regalo, sin embargo, viene a nosotros a su debido tiempo y no cuando nosotros lo deseamos, así que debemos aprender a esperar a pesar de nuestras necesidades. Este hexagrama requiere el desarrollo de la paciencia.

La espera se convierte en algo desesperante únicamente cuando no poseemos la confianza de que todo se dará en su debido momento. Podemos aprender a manejar las demoras aparentes si tenemos la confianza constante de que el futuro será prometedor.

Xu nos desanima de preocuparnos y de interferir antes del tiempo debido. Más bien nos recomienda emplear el tiempo de espera sabiamente, y prepararnos espiritual y físicamente. Esto puede significar que debemos nutrir nuestro cuerpo de manera sabia para enriquecer y completar nuestra alma.

La aceptación de la espera no quiere decir que debemos abandonar la ambición. Si permitimos nutrir nuestros cuerpos y espíritus, la paciencia fortalecerá nuestra habilidad de aprovechar las oportunidades.

Línea	Lectura breve para la línea mutante	Nivel de auspicio
Línea 6	La ayuda inesperada de otras personas incrementará sus ambiciones.	★ Signo de buena suerte.
Línea 5	La sobriedad en sus celebraciones será de gran beneficio para usted.	★★ Signo de buen augurio.
Línea 4	La paciencia y la reconciliación harán llevaderas las situaciones críticas .	▲ Nadie tiene la culpa.
Línea 3	No pierda energías tratando de alcanzar metas que no valen la pena.	✚✚ Puede tener mala suerte.
Línea 2	El chisme, a pesar de ser desagradable, no entorpecerá sus planes.	★ Signo de buena suerte.
Línea 1	Este es un momento de perseverancia paciente en su trabajo.	▲ Nadie tiene la culpa.

Nivel general de auspicio: ★★ Este es un indicio de buen augurio.

Trigrama del agua: páginas 62-65. Trigrama del cielo: páginas 46-49. Líneas mutantes: páginas 90-97.

6 SONG

ANTAGONISMO, AGRADO

Atributos: peleas, disputas, litigios, asuntos de naturaleza argumentativa

Este hexagrama comprende el cielo sobre el agua, lo que sugiere una divergencia necesaria. La naturaleza del cielo es ascender, mientras que la del agua es descender. La paz interior y la independencia representada por el trigrama del cielo son socavadas por el peso del agua.

En situaciones donde existe tal divergencia de naturaleza o de ideas, éstas se pueden volver desagradables rápidamente, a no ser que nosotros podamos mantenernos objetivos y prepararnos para enfrentar a los que se oponen en nuestro camino. En vez de presionar los asuntos hasta sus límites (así sean justificados), es recomendable buscar el consejo de un mediador imparcial y experimentado.

En la adivinación, Song recomienda la calma y la precaución. Por ejemplo, si la pregunta formulada está relacionada con los negocios, no se deben realizar grandes transacciones; si se trata del matrimonio, los pronósticos no son favorables. Song también nos aconseja tener cuidado con nuestro temperamento.

Debemos recordar que la mayoría de los conflictos exteriores son finalmente un reflejo de nuestros conflictos interiores. Muchas equivocaciones y argumentos se pueden evitar si escuchamos nuestra voz interna y tratamos de no cegarnos con rabia, imposición y sospecha.

Línea	Lectura breve para la línea mutante	Nivel de auspicio
Línea 6	La impaciencia y los malos consejos pueden traicionar sus ambiciones.	✚ El arrepentimiento desaparecerá.
Línea 5	Un desacuerdo puede ser resuelto a través de la expresión clara y de introspección.	★★★ Excelente augurio.
Línea 4	Si su posición no es fuerte, debe desistir del argumento.	★★ Signo de buen augurio.
Línea 3	Nadie le puede arrebatar sus logros pasados.	★★ Signo de buen augurio.
Línea 2	No sacará nada retando continuamente al enemigo más poderoso.	▲ Nadie tiene la culpa.
Línea 1	No deje que sus emociones intervengan en la discusión actual.	★★ Signo de buen augurio.

Nivel general de auspicio: ▲ Nadie tiene la culpa.

Trigrama del cielo: páginas 46-49. Trigrama del agua: páginas 62-65. Líneas mutantes: páginas 90-97.

7 SHI
EL EJÉRCITO, LA ENERGÍA COLECTIVA
Atributos: recogimiento de fuerzas, competencia, guerra

Este hexagrama comprende la tierra sobre el agua. El agua se recoge en el suelo y el exceso puede convertirse en un fuerza desestabilizadora poderosa. Como la tierra representa la masa de la humanidad, Shi advierte sobre el peligro potencial de las multitudes.

A nivel nacional, estos peligros pueden ser controlados por la existencia de un ejército bien ordenado y disciplinado. Las personas reunidas en el ejército son poderosas, pero sin el debido entrenamiento y la debida dirección pueden ser un peligro para ellos mismos. Por eso, Shi, acentúa la necesidad de tener un general leal.

En guerra, el éxito de un ejército depende del grado de confianza que los soldados depositan en sus comandantes. Ya que el propósito de los asuntos militares siempre debe ser correcto, sólo una persona de carácter genuinamente noble debe estar al mando.

Shi nos aconseja desarrollar nuestras propias habilidades de mando en nuestras vidas, en el ámbito de los negocios y vida social, pero también nos aconseja alcanzar la relación correcta entre los elementos que son más fuertes e inferiores de nuestra personalidad. Como un ejército, nuestra personalidad requieren disciplina y el liderazgo de nuestro ser superior.

Línea	Lectura breve para la línea mutante	Nivel de auspicio
Línea 6	Alabe y recompense a quienes se lo merecen.	✚✚ Puede tener mala suerte.
Línea 5	Una victoria deshonrada es peor que el fracaso.	✚✚ Puede tener mala suerte.
Línea 4	Habiendo logrado cierto progreso, se aconseja un receso temporal.	▲ Nadie tiene la culpa.
Línea 3	Existe el peligro de tener demasiados cocineros que dañen la comida.	✚✚ Puede tener mala suerte.
Línea 2	Trate a quienes se encuentran por debajo con compasión y respeto.	★ Signo de buena suerte.
Línea 1	Ya que tomó una decisión, no cambie de táctica.	✚✚ Puede tener mala suerte.

Nivel general de auspicio: ★ Este es un indicio de buena suerte.

Trigrama de la tierra: páginas 50-53. Trigrama del agua: páginas 62-65. Líneas mutantes: páginas 90-97.

8 BI

UNIÓN, ASISTENCIA

Atributos: acuerdo, alineación, integración, conexión, apoyo

Este hexagrama comprende el agua sobre la tierra. Las aguas del trigrama superior se mezclan mientras atraviesan el territorio del trigrama inferior, formando arroyuelos y ríos hasta que éstos penetran el océano, actuando aquí la imagen central de Bi de unión y ayuda mutua. Las cinco líneas complacientes del hexagrama logran mantenerse gracias a la poderosa quinta línea que las une. La posición de mando de esta línea asegura que todos logren sus intereses.

A medida que el agua se fortalece a través de la unión, así también lo harán las comunidades. No hay mejor auspicio que las relaciones armoniosas entre los individuos. Para sobrevivir y florecer, las personas deben amarse y cuidar el uno del otro.

Para lograr esto, debemos prestar atención no sólo a las personas que nos rodean, sino también a nuestro ser interior. A través de nuestros errores y malas interpretaciones, descubrimos las pautas que hacen funcionar las relaciones. Debemos cultivar el deseo sincero de obtener la armonía y el apoyo mutuo con relación a nuestras amistades, comunidades y lugares de trabajo.

Línea	Lectura breve para la línea mutante	Nivel de auspicio
Líneas 6	Tenga paciencia y permita que otros den el primer paso.	✦ El arrepentimiento desaparecerá.
Líneas 5	Aquellos que lo rodean necesitan comprender sus funciones.	★★ Signo de buen augurio.
Líneas 4	Acepte el consejo de una persona por la que siente un gran respeto.	★ Signo de buena suerte.
Líneas 3	No se convierta en parte de un esquema mal planeado.	✦✦ Puede tener mala suerte.
Líneas 2	Permita que su instinto lo guíe al escoger su compañero.	★★ Signo de buen augurio.
Líneas 1	El deseo de beneficiar a muchos lo beneficiará también a usted.	★★ Signo de buen augurio.

Nivel general de auspicio: ★★ Este es un indicio de buen augurio.

Trigrama del agua: páginas 62-65. Trigrama de la tierra: páginas 50-53. Líneas mutantes: páginas 90-97.

9 XIAO XU

EL PODER DOMESTICADOR DEL PEQUEÑO, LIMITACIÓN

Atributos: demoras, obstáculos, acumulación callada, almacenamiento de energía

Comprende el viento sobre el cielo: sugirie las nubes que flotan en el cielo. Indica que el cambio es posible, pero únicamente en los asuntos de poca importancia. La única línea yin necesita tiempo para acumular fuerzas antes de que se puedan alcanzar resultados duraderos.

Xiao Xu nos dice que nuestra influencia se encuentra temporalmente limitada por circunstancias externas. El progreso parece haber llegado a un punto de estancamiento. En situaciones de espera como éstas, deberíamos concentrarnos en descansar y prepararnos. Con muy poca habilidad para ejercer nuestra influencia sobre la realidad exterior, es el tiempo apropiado para pulir nuestro interior.

Aunque demos la apariencia de ser demasiado sumisos, creando la desconfianza de otros, podemos sin embargo lograr pequeños cambios a través de la persuasión gentil y amigable. Se debe cultivar la disciplina para prevenir que la ambición ejerza presión negativa.

Este hexagrama nos dice que debemos tener paciencia y cautela. En los negocios, nos recomienda prepararnos para nuevos desarrollos; en relación con el matrimonio y las relaciones, alerta sobre problemas temporales y sospechas. No debemos comprometernos en pequeños conflictos. Grandes lecciones de asuntos pequeños.

Línea	Lectura breve para la línea mutante	Nivel de auspicio
Línea 6	Las demás personas están renuentes a tomar alguna acción en este momento, así que tenga paciencia.	▲ Nadie tiene la culpa.
Línea 5	El esfuerzo en grupo tiene más éxito que la acción individual.	★ Signo de buena suerte.
Línea 4	A medida que va avanzando, crece la confianza y el valor.	▲ Nadie tiene la culpa.
Línea 3	Malas interpretaciones si la emoción y el intelecto colisionan.	✚ El arrepentimiento desaparecerá.
Línea 2	Usted y sus compañeros deben coincidir en la perseverancia.	★★ Signo de buen augurio.
Línea 1	Indudablemente, el camino actual es el mejor.	★ Signo de buena suerte.

Nivel general de auspicio: ★ Este es un indicio de buen augurio.

Trigrama del viento: páginas 58-61. Trigrama del cielo: páginas 46-49. Líneas mutantes: páginas 90-97.

10 LU

SIGUIENDO UN SENDERO, PISANDO CON CUIDADO

Atributos: conducta digna, comportamiento, tomar riesgos teniendo cuidado

Este hexagrama comprende el cielo sobre el lago, dos fuerzas tan separadas por la distancia que existe entre ellas, que no puede causar ningún problema de armonía. El trigrama inferior está relacionado con una hija feliz que encuentra su camino sin cometer errores siguiendo los pasos de su padre, representado por el trigrama superior (la palabra *lu* originalmente significa "zapatos").

El sendero escogido puede ser desconocido y lleno de peligros, pero la cuidadosa planeación y las debidas precauciones evitarán cualquier daño. Cuando no existe el peligro inmediato, se deben evaluar los peligros que pueden encontrarse más adelante.

Las precarias situaciones a las que este hexagrama alude, normalmente son de índole social. Lu aconseja que nos comportemos con decoro, diplomacia y buen humor, con la tranquilidad de saber que de esta manera podemos apaciguar al más irritable de los individuos. Un individuo con tacto pisa la cola del tigre sin consecuencias; alguien agresivo, provoca el ataque.

Esta naturaleza gentil y consistencia en los modales se pueden aprender de aquellas personas que estimamos y respetamos; nuevamente, un niño puede aprender las cosas de la vida mundana siguiendo los pasos sabios de los padres.

Línea	Lectura breve para la línea mutante	Nivel de auspicio
Línea 6	Su conciencia le dirá si su actual sendero es el correcto.	★★ Signo de buen augurio.
Línea 5	Debe seguir avanzando a pesar de los peligros.	▲ Nadie tiene la culpa.
Línea 4	Aprender del error le permitirá seguir adelante con seguridad.	★ Signo de buena suerte.
Línea 3	Tenga cuidado con las personas que no son quienes dicen que son.	✚✚ Puede tener mala suerte.
Línea 2	Continúe con calma, confianza y serenidad.	★★ Signo de buen augurio.
Línea 1	Las viejas ambiciones deben ser puestas en acción.	▲ Nadie tiene la culpa.

Nivel general de auspicio: ★ Este es un indicio de buena suerte.

Trigrama del cielo: páginas 46-49. Trigrama del lago: páginas 74-77. Líneas mutantes: páginas 90-97.

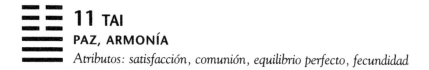

11 TAI
PAZ, ARMONÍA
Atributos: satisfacción, comunión, equilibrio perfecto, fecundidad

Este hexagrama comprende la tierra sobre el cielo, una combinación particularmente favorable. La mezcla del qi tierra y el qi cielo produce un periodo de tranquilidad y muchos frutos. Como si éste fuera un país idealizado, la negatividad es equilibrada de manera constante y transformada por las energías positivas. Se relaciona con el ambiente de un día soleado en los primeros días de la primavera.

En este ambiente, las grandes ideas y un espíritu de compasión y benevolencia sacan a un lado las pequeñeces. Los individuos se apoyan mutuamente como una madre (tierra) y padre (cielo), todos actuando bajo una unión respetuosa y amorosa. Muy por encima del interés propio, la familia, los amigos y colegas conservan la armonía.

El tiempo es propicio para todos los proyectos relacionados con el éxito de la comunidad, nos sentimos estimulados para incrementar la buena suerte a través de nuestra buena voluntad y actitudes saludables. Se nos hace fácil porque así como la armonía del cielo y la tierra, nuestras mentes concientes y subconscientes trabajarán con mucha compatibilidad.

La palabra *Tai* es un buen augurio. El hexagrama sugiere un periodo de éxito logrado facilmente. Las inversiones pequeñas tendrán grandes ganancias.

Línea	Lectura breve para la línea mutante	Nivel de auspicio
Línea 6	Es el tiempo apropiado para la manutención y reparación, no de seguir avanzando.	✚ El arrepentimiento desaparecerá.
Línea 5	El espíritu debe ser estimulado para gobernar el cuerpo.	★★★ Excelente augurio.
Línea 4	Amistades de buen corazón le ayudarán a fortalecer su falta de confianza.	★ Signo de buena suerte.
Línea 3	Una situación que no haya cambiado le brindará un sentimiento de paz.	▲ Nadie tiene la culpa.
Línea 2	La amabilidad con las otras personas tiene sus recompensas.	★ Signo de buena suerte.
Línea 1	Discutir los asuntos revelará sus pensamientos interiores.	★★ Signo de buen augurio.

Nivel general de auspicio: ★★ Este es un indicio de buen augurio.
Trigrama de la tierra: páginas 50-53. Trigrama del cielo: páginas 46-49. Líneas mutantes: páginas 90-97.

12 PI
ESTANCAMIENTO
Atributos: falta de armonía, contracción, obstrucción, adversidad, distanciamiento

Este hexagrama comprende el cielo sobre la tierra. Mientras que los dos trigramas estaban en la posición contraria en el hexagrama 11, indicando una mezcla beneficiosa entre el cielo y la tierra, aquí se muestran distantes y separados. El resultado es la obstrucción y el negativismo. Donde no exista fuerza sino debilidad, sólo habrá superficialidad y fragilidad.

Esta clase de fuerza superficial se encuentra en las personas que son ascendentes de un periodo asociado con Pi. Su bravura y arrogancia pública son una fachada de un espíritu interior débil. Con el tiempo, estos gobernantes serán descubiertos como tal y serán destituidos, pero el mal que han hecho desafortunadamente prevalecerá.

Cuando esta clase de individuos dominan, aquellos con mayor valor no son aceptados, y deben resistir firmemente a cualquier tentación de vender su integridad para obtener algún favor o fortuna. Habrán más problemas si adoptamos una manera de pensar falsa.

En estos tiempos de adversidad, Pi nos recuerda permanecer constantes y nos recuerda que todas las condiciones son temporales, que vendrán tiempos mejores.

Línea	Lectura breve para la línea mutante	Nivel de auspicio
Línea 6	Celebre el final de un periodo de confusión y desorden.	▲ Nadie tiene la culpa.
Línea 5	La voluntad de actuar nos fortalece.	▲ Nadie tiene la culpa.
Línea 4	Las personas están agradecidas con sus esfuerzos para mantener el orden.	▲ Nadie tiene la culpa.
Línea 3	Sus intereses personales deben esperar hasta que haya logrado el bien común.	▲ Nadie tiene la culpa.
Línea 2	Se requiere una mano firme para esta situación.	▲ Nadie tiene la culpa.
Línea 1	Las discusiones en grupo revelarán secretos y resentimientos importantes.	★ Signo de buena suerte.

Nivel general de auspicio: ▲ Nadie tiene la culpa.

Trigrama del cielo: páginas 46-49. Trigrama de la tierra: páginas 50-53. Líneas mutantes: páginas 90-97.

13 TONG REN
CONFRATERNIDAD, REUNIÓN EN EL CAMPO
Atributos: camaradería, comunidad, personas con la misma forma de pensar, la búsqueda de la armonía

Este hexagrama comprende el cielo sobre el fuego, y sugiere llamas, que como los espíritus humanos, ascienden hacia los cielos como si buscaran su reflejo en el sol y las estrellas. Como las llamas individuales pueden extinguirse con más facilidad que el fuego de una fogata, el espíritu humano puede ascender con más fuerza cuando está unido a los demás.

La verdadera comunidad es mucho más que la sola masa de humanidad, así que Tong Ren resalta el valor de aquellos que tienen la capacidad de liderar y la habilidad de organizar y crear un propósito de grupo unificado. No debemos olvidar que todos venimos de la misma fuente y que el sol brilla para todos de igual manera.

Uno de los más grandes enemigos de la comunidad son las facciones, la sospecha y los secretos, por eso la referencia a la "reunión en el campo", un sitio abierto física y espiritualmente. Las reservas y las actitudes no colaboradoras deben salir a la luz para que puedan ser corregidas de manera amable y respetuosa.

La creación de estos compromisos no va a erradicar los retos, pero si se mantiene la unión de grupo, éstos se pueden enfrentar con la expectativa de lograr el éxito.

Línea	Lectura breve para la línea mutante	Nivel de auspicio
Línea 6	Se acerca un luchador por la paz, listo para enfrentar una fuerte oposición.	▲ Nadie tiene la culpa.
Línea 5	El buen humor ayuda a mitigar las confrontaciones volátiles.	▲ Nadie tiene la culpa.
Línea 4	Cuando se está al borde de avanzar, se recomienda un periodo de observación.	★★ Signo de buen augurio.
Línea 3	Las tácticas simuladas no servirán.	✚ El arrepentimiento desaparecerá.
Línea 2	De nada sirve tener de su lado a las personas de poco compromiso.	✚ El arrepentimiento desaparecerá.
Línea 1	Una vez se haya resuelto la situación, el mediador seguirá su camino	▲ Nadie tiene la culpa.

Nivel general de auspicio: ★★ Este es un indicio de buen augurio.

Trigrama del cielo: páginas 46-49. Trigrama del fuego: páginas 66-69. Líneas mutantes: páginas 90-97.

14 DA YOU
ABUNDANCIA, POSESIÓN EN GRAN MEDIDA
Atributos: riqueza, amplios recursos, una buena cosecha

Este hexagrama comprende el fuego sobre el cielo: el fuego naturalmente representa el sol que brilla desde lo alto sobre de la tierra, mientras el cielo, que se encuentra en la parte inferior, indica la fuerza interior con claridad exterior. Los obstáculos han desaparecido para dar paso a la prosperidad y abundancia.

En este ambiente de claridad, podemos tener la plena confianza de hacer las cosas correctamente y en el tiempo apropiado, para asegurar una buena cosecha. Sin embargo, tal generosidad puede verse afectada si no se tiene el compromiso de mantener la armonía que inicialmente creó este periodo de prosperidad y paz.

Da You nos alerta sobre el peligro primordial que existe en el orgullo que muchas veces acompaña el camino del éxito. La arrogancia nos hace perder amistades, ganar enemigos y desestabilizar nuestras metas. De la misma manera, muchas personas han desperdiciado los logros y el apoyo recibido por el interés personal de conseguir lujos.

Contrariamente, si permanecemos modestos y generosos en la abundancia, recibiremos un crecimiento continuo, así como un incremento en el respeto. La riqueza y el poder personal aumentarán cuando éstas se consideren responsabilidades y no sólo posesiones. El gran éxito se da cuando estamos en armonía con el cosmos.

Línea	Lectura breve para la línea mutante	Nivel de auspicio
Línea 6	Los poderes superiores se encuentran de su lado.	★★ Signo de buen augurio.
Línea 5	Un intercambio honesto y sin temores beneficia a todos.	★★ Signo de buen augurio.
Línea 4	Una sabiduría interna lo guiará en sus acciones y en el tiempo.	▲ Nadie tiene la culpa.
Línea 3	Es importante alinear su voluntad al poder superior.	▲ Nadie tiene la culpa.
Línea 2	Existe el peligro de la sobrecarga de responsabilidades.	★★ Signo de buen augurio.
Línea 1	Se debe preservar un sentido de humildad.	▲ Nadie tiene la culpa.

Nivel general de auspicio: ★★ Este es un indicio de buen augurio.

Trigrama del fuego: páginas 66-69. Trigrama del cielo: 46-49. Líneas mutantes: páginas 90-97.

15 QIAN
HUMILDAD, MODESTIA
Atributos: estabilidad mental, carencia de pretensión, decencia

Comprende la tierra sobre la montaña. La montaña se ubica majestuosamente por encima de la tierra. En Qian, el orden inverso indica la elevación virtuosa de la humildad. Pero también tiene en cuenta el aviso del hexagrama 14 que advierte sobre la arrogancia.

La humildad es una cualidad de la mente madura y no una cualidad innata, así que debe ser cultivada. En la mente subdesarrollada, la jactancia le sirve a la ambición; el orgullo y la autoestima, le siguen al éxito personal. Debemos estar prevenidos contra estas dos condiciones, teniendo en cuenta que, así escalemos el pico más alto, seguimos parados sobre la misma tierra como el resto de la humanidad.

Aquellos genuinamente humildes son capaces de liderar efectivamente, teniendo en cuenta, que los extremos de la desigualdad son la fuente de la inconformidad. La ostentación, finalmente erosionará el éxito, mientras que el cultivo consciente de la deferencia, el respeto y el bien propio, fortalecerá a todos. Controlar nuestro ego y rehusar la seducción del orgullo, nos permitirá trabajar bien con las demás personas, sin importar la posición, edad o sexo. Sin embargo, debemos tener cuidado de aquellas personas que tratan de tomar ventaja de nuestra humildad para su interés propio.

Línea	Lectura breve para la línea mutante	Nivel de auspicio
Línea 6	El uso juicioso de la fuerza es recomendable en este momento.	▲ Nadie tiene la culpa.
Línea 5	Su integridad personal obtendrá apoyo.	★ Signo de buena suerte.
Línea 4	Ha llegado el tiempo de escuchar, aprender y no de hablar.	★ Signo de buena suerte.
Línea 3	Una naturaleza decente y honesta garantizará el éxito.	★ Signo de buena suerte.
Línea 2	Una naturaleza genuinamente buena siempre será reconocida.	★★ Signo de buen augurio.
Línea 1	Los que realmente logran el éxito no se visten de arrogancia.	★★ Signo de buen augurio.

Nivel general de auspicio: ★★ Este es un indicio de buen augurio.
Trigrama de la tierra: páginas 50-53. Trigrama de la montaña: 70-73. Líneas mutantes: páginas 90-97.

16 YU

ENTUSIASMO, VITALIDAD

Atributos: acción vigorosa, deleite, expresión

Este hexagrama comprende el trueno sobre la tierra, evocando la imagen de las primeras tormentas del verano. El sonido que proviene de las nubes disipa las tensiones de un periodo de relativa inactividad, y para consuelo de todos, la tierra comienza a moverse.

Yu describe la concentración y liberación de energía dentro de nosotros, sea autogenerada o animada por un gran motivador. Esta energía actúa como el trueno, como un arma que se dispara o como el llamado de un clarín para que se actúe.

Esta exuberancia a menudo viene acompañada e intensificada por la celebración, los banquetes y la música. Los líderes, religiosos y seculares, se han basado en estos métodos para elevar los espíritus de su gente desde que existe la humanidad, asegurando que todos compartan las festividades y la felicidad. Esta confianza también inspira lealtad y diligencia en todas las personas y los equipos que apoyan.

Esta abundancia de dar y recibir, de placer y de satisfacción, resultará en fiestas en todos los lugares, eliminando los obstáculos que impiden la realización de las aspiraciones en conjunto. Unidos en el deleite y la devoción, la comunidad se embarcará en grandes misiones sin ningún temor. El único peligro que puede haber es que el líder quiera aprovechar este entusiasmo para el interés propio.

Línea	Lectura breve para la línea mutante	Nivel de auspicio
Línea 6	Debe prestar atención a la tendencia a la autoindulgencia.	▲ Nadie tiene la culpa.
Línea 5	Los eventos del pasado lo siguen preocupando innecesariamente.	+ El arrepentimiento desaparecerá.
Línea 4	Si su triunfo es merecido con honor, sus amistades celebrarán con usted.	★ Signo de buena suerte.
Línea 3	Se ha rehusado a escuchar su voz interior, pero ahora sí lo hará.	+ El arrepentimiento desaparecerá.
Línea 2	Los objetos de su ambición son cuestionados, fortaleciendo su propósito.	★★ Signo de buen augurio.
Línea 1	El equilibrio de la autogratificación se convertirá en una prioridad.	+ El arrepentimiento desaparecerá.

Nivel general de auspicio: ★★ Este es un indicio de buen augurio.

Trigrama del trueno: páginas 54-57. Trigrama de la tierra: 50-53. Líneas mutantes: páginas 90-97.

17 SUI
SEGUIMIENTO, ADAPTACIÓN
Atributos: el cambio apropiado, liderar desde atrás

Este hexagrama comprende el lago sobre el trueno. Como el trueno es asociado con el movimiento y el lago con la alegría, la imagen sugiere una escena tranquila de suaves y pequeñas olas creadas por un poder exuberante que se ha vuelto modesto.

En términos humanos, esta clase de felicidad en el movimiento tiene relación con la manera en que un líder sabio induce a las personas a que lo sigan. Para liderar bien, debemos comprender nuestro lugar dentro de una situación y las posiciones de aquellos que nos buscan para que los guiemos. Debemos aprender a servir antes de liderar con seguridad, y cómo seguir antes de pretender que otros nos sigan. Sin este conocimiento, podemos estar tentados de caer en la coerción y la malicia.

También debemos aprender cuándo actuar y cuándo desistir para poder restablecer nuestra energía. Un largo periodo de emoción inquietante nos conducirá hacia la mala suerte. De pronto experimentaremos frustración durante los periodos de descanso impuestos a la fuerza, pero esta misma falta de satisfacción nos puede llevar a una gran motivación para alcanzar grandes metas. De manera contraria, ninguna situación será favorable si no nos podemos adaptar. Sin embargo, Sui indica un tiempo de progreso durante el cual los errores se evitan con facilidad.

Línea	Lectura breve para la línea mutante	Nivel de auspicio
Línea 6	La integridad personal se debe convertir en la segunda naturaleza.	▲ Nadie tiene la culpa.
Línea 5	Para liderar a otros, debe dedicarse a servirle a ellos	★★ Signo de buen augurio.
Línea 4	Su comportamiento es la inspiración de otros.	▲ Nadie tiene la culpa.
Línea 3	Deposite su confianza en alguien que tenga experiencia.	★ Signo de buena suerte.
Línea 2	Existe el peligro de confiar en alguien inexperto.	✚ Puede tener mala suerte.
Línea 1	Liberándose de limitaciones, obtendrá nuevos reclutas.	★★ Signo de buen augurio.

Nivel general de auspicio: ★ Este es un indicio de buena suerte.

Trigrama del lago: páginas 70-77. Trigrama del trueno: 54-57. Líneas mutantes: páginas 90-97.

18 GU
DECAIMIENTO, TRABAJE EN LAS COSAS QUE SE HAN DAÑADO
Atributos: degeneración, corrupción, sanación, enfrentar el pasado

Comprende la montaña sobre el viento. Sugiere un viento suave que ha detenido su progreso por culpa de la montaña. En cambio, las fuertes corrientes de viento destruyen las plantas que se encuentran en la base de la montaña. De manera parecida, las actitudes laxas crean problemas que introducen la corrupción en la comunidad.

Gu nos aconseja que busquemos estos defectos en nosotros y el ambiente, que los corrijamos y que no vuelva a ocurrir. Sin importar si los problemas fueron ocasionados por malos hábitos, defectos de carácter o pésima organización, si no se corrigen desde adentro, el ciclo se repetirá de manera desastrosa.

Mientras que este hexagrama recomienda de manera insistente un nuevo comienzo, nos aconseja tener cuidado y tener una mente clara antes y después que se haya implementado el cambio. De nada sirve el cambio si se tienen que sacrificar los beneficios a largo plazo, por unos a corto plazo. La identificación correcta y el manejo de las áreas de degeneración y caos, sin embargo, preparan el camino para el renacimiento y gran éxito.

En los negocios, Gu nos advierte sobre las finanzas mal manejadas; en las relaciones nos advierte sobre los conflictos causados por los diferentes temperamentos o estilos de vida; y en la salud nos advierte sobre las impurezas y los parásitos.

Línea	Lectura breve para la línea mutante	Nivel de auspicio
Línea 6	Alcanzará grandes cosas si reconoce su naturaleza espiritual.	▲ Nadie tiene la culpa.
Línea 5	Sus decisiones deben estar basadas en una mente clara y no en el hábito o dogma.	★★ Signo de buen augurio.
Línea 4	Abandonar los comportamientos desactualizados si queremos el progreso.	✦ El arrepentimiento puede desaparecer.
Línea 3	Podemos caer en los hábitos viejos, pero son sólo pequeños deslices.	▲ Nadie tiene la culpa.
Línea 2	La pasividad puede ser tan dañina como la excesiva actividad.	▲ Nadie tiene la culpa.
Línea 1	Usted debe ser consciente de que el conformismo es una camisa de fuerza.	★ Signo de buena suerte.

Nivel general de auspicio: ★ Este es un indicio de buena suerte.
Trigrama de la montaña: páginas 70-73. Trigrama del viento: 58-61. Líneas mutantes: páginas 90-97.

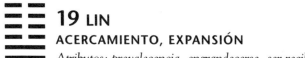

19 LIN

ACERCAMIENTO, EXPANSIÓN

Atributos: prevalecencia, engrandecerse, ser recibido, establecer relaciones

Este hexagrama comprende la tierra sobre el lago, sugiriendo un lago en un lugar enaltecido como si estuviera protegido por un poder superior. Tanto la profundidad de las aguas como la exuberante generosidad de la tierra muestran la disponibilidad de los más sabios para sostener y educar a otros. Lin observa que así como los niños son aconsejados por unos padres firmes pero amables, nos encontramos actualmente en una excelente posición para recibir vital instrucción para nuestro desarrollo.

Guiados por el buen ejemplo y por nuestra voluntad de aprender, como la naturaleza al inicio de la primavera, podemos ser personas llenas de esperanza que constantemente florecemos y que podemos avanzar hacia la máxima potencia. Si somos capaces de percibir los signos de los tiempos, éste será un periodo de constante progreso y expansión. Debemos estar siempre vigilantes, examinando nuestros pensamientos y motivos para descartar los errores que pueden aparecer mientras crecemos.

Lin nos advierte sobre el peligro de darse demasiada importancia y carecer de disciplina cuando progresamos. Debemos mantener el equilibrio entre confiar en la obediencia a nuestros guías y la magnanimidad hacia otros.

Línea	Lectura breve para la línea mutante	Nivel de auspicio
Línea 6	Su integridad personal lo guía hacia el triunfo.	★★ Signo de buen augurio.
Línea 5	Sus decisiones se basan en la cautela y sabiduría.	★★ Signo de buen augurio.
Línea 4	Usted se acerca a un momento desconcertante de su vida.	▲ Nadie tiene la culpa.
Línea 3	La confianza en sus instintos lo ayudará a encontrar el sendero correcto.	▲ Nadie tiene la culpa.
Línea 2	Se dará cuenta de que su decisión fue la correcta.	★★ Signo de buen augurio.
Línea 1	El camino está despejado; sólo la debilidad de la voluntad se interpondría en su camino hacia el éxito.	★★ Signo de buen augurio.

Nivel general de auspicio: ★★ Este es un indicio de buen augurio.

Trigrama de la tierra: páginas 50-53. Trigrama del lago: 74-77. Líneas mutantes: páginas 90-97.

20 GUAN
OBSERVACIÓN, CONTEMPLACIÓN

Atributos: vigilancia, mirar hacia abajo, meditación, viajes mentales o físicos

Este hexagrama comprende el viento sobre la tierra. Así como el viento puede viajar libremente, Guan aconseja que nuestra forma de pensar y nuestras percepciones hagan lo mismo. Se resalta la claridad mental, ya que un viento que arrastra consigo nubes de polvo sólo oscurecerá lo que se debe observar.

La forma del hexagrama nos hace pensar en la tradicional muralla china, una imagen que recuerda que podemos ver mucho más desde una posición alta. Podemos percibir mejor con una mente calma y libre que con una mente agobiada con los problemas de la vida diaria. Guan recomienda un retiro temporal para estudiar nuestro entorno y contemplar el futuro. Al tiempo, no debemos sentirnos ajenos a la situación. Hasta el observador de la torre es parte del paisaje.

Para comprender el estado de las cosas, podemos vernos en la necesidad de viajar o de investigar para obtener información. Ambas situaciones deben ser acompañadas por la meditación. Mientras que se aprende mucho de lo que se ve, el flujo interior de la vida es igualmente importante. Debemos escuchar lo que no se ve y mirar fijamente entre las palabras y entre cada respiro.

Línea	Lectura breve para la línea mutante	Nivel de auspicio
Línea 6	La introspección deja en claro cierta inquietud interior.	▲ Nadie tiene la culpa.
Línea 5	Usted se beneficiará si presta atención a las experiencias de otras personas.	▲ Nadie tiene la culpa.
Línea 4	Sentirá satisfacción de estar rodeado de aquellas personas que admira.	★★ Signo de buen augurio.
Línea 3	Sentirá el deseo de abandonar su viaje pero se aconseja no hacerlo.	▲ Nadie tiene la culpa.
Línea 2	A punto de lograr su meta no tendrá la confianza suficiente para seguir.	▲ Nadie tiene la culpa.
Línea 1	Su inexperiencia lo detendrá, pero siga.	▲ Nadie tiene la culpa.

Nivel general de auspicio: ▲ Nadie tiene la culpa.

Trigrama del viento: páginas 58-61. Trigrama de la tierra: 50-53. Líneas mutantes: páginas 90-97.

21 SHI HE

SALIR ADELANTE CON MUCHO ESFUERZO, MEDIDAS CORRECTIVAS

Atributos: Juzgar, erradicar obstáculos, restaurar el orden, confrontar la negatividad

Este hexagrama comprende el fuego sobre el trueno, una combinación que evoca el rayo acompañado de la tormenta. La imagen sugiere la manera en que las fuerzas de la naturaleza combaten los obstáculos y restauran los desequilibrios de tensión. Shi He aconseja que los problemas de los asuntos humanos deban ser iluminados con la luz del rayo de la clara introspección y estremecidos por el trueno de la energía libre.

La forma de Shi He también sugiere una boca abierta (siendo las líneas yang en la parte superior e inferior, los labios) con algo adentro (línea 4). Shi significa "mordisco" y He significa "cerrar", la acción de remover obstáculos es reforzada por la imagen de morderlos.

En la sociedad, la erradicación del desorden debe ser liderada por un sistema judicial efectivo y honorable. La ley debe ser administrada apropiadamente si se desea que la armonía prevalezca. El castigo es a veces necesario, pero debe ser proporcional a las faltas y libre de venganzas.

Shi He muy a menudo presagia la acción legal y la aparición de una tercera persona en el matrimonio o relación, causando malestar que con paciencia disminuirá.

Línea	Lectura breve para la línea mutante	Nivel de auspicio
Línea 6	Puede no darse cuenta del peligro que se acerca.	✚✚ Puede tener mala suerte.
Línea 5	A pesar de los peligros, estará bien armado con el valor y la perseverancia .	▲ Nadie tiene la culpa.
Línea 4	La perseverancia le traerá recompensas.	★★ Signo de buen augurio.
Línea 3	El progreso es impedido por los obstáculos y las dudas, pero no están las cosas perdidas.	▲ Nadie tiene la culpa.
Línea 2	Las metas que se han logrado demasiado fácil traerán su propio peligro.	▲ Nadie tiene la culpa.
Línea 1	Un peligro inminente parece no poder evitarse, pero soldado prevenido no muere en guerra.	▲ Nadie tiene la culpa.

Nivel general de auspicio: ★ Este es un indicio de buena suerte.

Trigrama del fuego: páginas 66-69. Trigrama del trueno: 54-57. Líneas mutantes: páginas 90-97.

22 BI
GRACIA, ADORNOS
Atributos: glamour, elegancia, brillo, presentación

Comprende la montaña sobre el fuego. Sugiere el sol en la aurora o el atardecer, una fogata al pie de la montaña iluminando y enfatizando su belleza. Existe gran valor e inspiración en tal belleza, aunque no sólo debemos percibir las apariencias superficiales. La belleza nos inclina hacia la armonía y precisión en vez de al caos y la irresponsabilidad. Aunque nuestra sensibilidad nos urge adornar la naturaleza o sociedad, se debe proceder teniendo en cuenta el valor.

Estas pautas muchas veces parecen admirables en teoría pero fracasan. El poner demasiado énfasis en la superficie de la belleza puede eclipsar nuestra gracia natural, conduciendo a juicios apresurados e injustos, a la pretensión y al atrevimiento.

Debemos maniobrar con cuidado y meditación, no se deje confundir por la superficie de las apariencias, más bien analice las verdaderas causas de la situación. Debe tener particular cuidado de tomar los asuntos legales demasiado a la ligera.

La contemplación del resplandor de la forma es enriquecedora, pero no debemos tomar su permanencia por un hecho. Su naturaleza veloz nos instruye en la naturaleza del tiempo, del ser y revela la belleza del espíritu y los mundos que existen detrás de éste.

Línea	Lectura breve para la línea mutante	Nivel de auspicio
Línea 6	La simplicidad y la honestidad hacen que su meta sea palpable.	▲ Nadie tiene la culpa.
Línea 5	El ser práctico y la libertad con respecto a la ostentación, permiten el éxito.	★ Signo de buena suerte.
Línea 4	Aquellos que de manera natural se ganan el respeto de otros, casi nunca se esmeran demasiado.	★ Signo de buena suerte.
Línea 3	En cuanto al corazón, la belleza interior opaca cualquier superficie brillante.	★★ Signo de buen augurio.
Línea 2	Sus valores le permiten elevarse por encima de las apariencias del mundo.	★ Signo de buena suerte.
Línea 1	Abandonar la vanidad lo liberará y le permitirá avanzar en su búsqueda.	★ Signo de buena suerte.

Nivel general de auspicio: ★ Este es un indicio de buena suerte.

Trigrama de la montaña: páginas 70-73. Trigrama del fuego: 66-69. Líneas mutantes: páginas 90-97.

23 PO
SEPARACIÓN, DESINTEGRACIÓN
Atributos: decaimiento, fragmentación, colapso interno, caída

Comprende la montaña sobre la tierra. Una montaña se eleva sobre la tierra, se encuentra expuesta a los elementos y con el tiempo desaparecerá por la erosión y los derrumbes. De igual manera, todos nuestros logros estarán expuestos.

La forma del hexagrama Po sugiere una debilidad que nace de adentro. Específicamente se parece a una casa que se parte en dos, pero el techo es lo único que la sostiene (la línea superior). Oscuras fuerzas interiores socavan lo que es superior: el colapso es inevitable.

Cuando existen estas condiciones, de nada sirve cualquier acción o intervención. No debemos tratar de posponer lo inevitable, pero debemos utilizar el tiempo para planear y consolidar. Debemos considerar la adversidad sin pasión y tratar de aprender de esta situación todas las lecciones posibles, para evitar repetir los mismos errores. Es aconsejable tener cuidado en los negocios, trabajar duro y esperar que lleguen mejores momentos.

Debemos mantener la esperanza y la certeza de mejorar. Para prepararnos a un nuevo comienzo, quienes tienen mayor conocimiento deben trasmitirlo y aquellos con poder deben ayudar a los demás.

Línea	Lectura breve para la línea mutante	Nivel de auspicio
Línea 6	La mala suerte cede y comienza un tiempo para cosechar las nuevas siembras.	✚ El arrepentimiento desaparecerá.
Línea 5	Éste es el tiempo para la sumisión y no para la oposición.	★★ Signo de buen augurio.
Línea 4	La oleada de mala suerte ha llegado a su cúspide, pero aún perturba su paz.	✚✚ Puede tener mala suerte.
Línea 3	Usted tiene una mala compañía y necesita recuperar su libertad.	★★ Signo de buen augurio.
Línea 2	Debe enfrentar sus problemas actuales solo.	✚✚ Puede tener mala suerte.
Línea 1	La paz está siendo socavada por el chisme y el egoísmo.	✚✚ Puede tener mala suerte.

Nivel general de auspicio ✚✚ El arrepentimiento desaparecerá.

Trigrama de la montaña: páginas 70-73. Trigrama de la tierra: 50-53. Líneas mutantes: páginas 90-97.

24 FU
EL GIRO, RETORNO
Atributos: resurgir, renovación, ciclos, comienzos nuevos

Comprende la tierra sobre el trueno. Sugiere tomar conciencia de una vitalidad renovada, representada por el trueno energético sobre la tierra durmiente. Fu está asociado con el solsticio de invierno, el día en el cual las horas de la luz solar se incrementan. A pesar del clima frío y desolado, el calor y la luz aumentan.

La promesa implícita en el hexagrama 23 comienza a actualizarse en Fu. El ciclo de la existencia se mueve hacia un futuro mejor, así que no debemos forzar las cosas. La transformación de lo viejo sucede con facilidad y sin obstrucción pero a su propio ritmo. Debemos cultivar sabiduría y paciencia mientras se desenvuelven los acontecimientos.

Todos los comienzos deben ser tratados con especial cuidado, a medida que los asuntos se mueven de manera natural hacia el éxito, debemos prepararnos para sacar el máximo provecho de las oportunidades.

En cuanto a los negocios, este hexagrama sugiere un avance lento, pero con el tiempo llegará el éxito. En cuanto a las relaciones y los matrimonios, indica que, a pesar de un fracaso anterior, la próxima relación tendrá éxito.

Línea	Lectura breve para la línea mutante	Nivel de auspicio
Línea 6	La persistencia sobre un sendero erróneo amenaza las consecuencias a largo plazo.	✚✚ Puede tener mala suerte.
Línea 5	Se deben corregir los errores del pasado.	▲ Nadie tiene la culpa.
Línea 4	Debe escoger su propio sendero y por un tiempo debe caminar en él solo.	★ Signo de buena suerte.
Línea 3	Avance con confianza y no titubeando.	▲ Nadie tiene la culpa.
Línea 2	Este es el tiempo adecuado para seguir los buenos ejemplos de otros.	★★ Signo de buen augurio.
Línea 1	Debe retroceder un poco en su camino para corregir un pequeño error de juicio.	★★★ Excelente augurio.

Nivel general de auspicio: ★ Este es un indicio de buena suerte.

Trigrama de la tierra: páginas 50-53. Trigrama del trueno: 54-57. Líneas mutantes: páginas 90-97.

25 WU WANG

INOCENCIA, PROPIEDAD

Atributos: lo correcto, integridad, simplicidad, ausencia de expectación

Este hexagrama comprende el cielo sobre el trueno. El trueno representa la energía natural, así que Wu Wang sugiere la fuerza de vida regeneradora de una primavera abundante, bendecida por los cielos en lo alto. Los creadores del I Ching vieron la virtud en la manifestación de esta energía, creyendo que tal inocencia primaria estaba sintonizada con la voluntad del cielo. Esta pureza en nuestros corazones nos ayuda a purificar nuestras mentes y nos guía a través de la vida de manera segura.

La inocencia se manifiesta en vivir el presente. Calculando los resultados de nuestra labor y buscando la aceptación de los demás, disminuiremos nuestros esfuerzos. Trabajamos mejor cuando vivimos completamente el presente y no nos distraemos por las expectativas. Prevenir es parte de nuestras labores, pero no podemos predecir todas las eventualidades. Wu Wang nos aconseja adaptarnos a las dificultades inesperadas.

Cuando nuestra mente está libre de incertidumbre, podremos reflejar con más efectividad el flujo natural de la energía de la vida. Guiados por una mezcla de sabiduría adulta y la conciencia despejada de un niño, podemos progresar con paz mental.

Línea	Lectura breve para la línea mutante	Nivel de auspicio
Línea 6	Es el tiempo adecuado para la introspección y la calma.	▲ Nadie tiene la culpa.
Línea 5	Permita que el tiempo y la naturaleza lo sanen, no la ayuda externa.	▲ Nadie tiene la culpa.
Línea 4	Su integridad personal lo ayudarán a prevenir la mala suerte.	▲ Nadie tiene la culpa.
Línea 3	Alguien que no se lo merece será víctima de mala suerte o de un robo.	✦ El arrepentimiento desaparecerá.
Línea 2	El trabajo en búsqueda de resultados con impaciencia casi nunca es satisfactorio.	★★ Signo de buen augurio.
Línea 1	Los motivos puros y honestos traerán grandes éxitos.	★★ Signo de buen augurio.

Nivel general de auspicio: ★★ Este es un indicio de buen augurio.

Trigrama del cielo: páginas 46-49. Trigrama del trueno: 54-57. Líneas mutantes: páginas 90-97.

26 DA XU (DA CHUI)
EL PODER DOMESTICADO DE LO GRANDIOSO, LIMITACIÓN APROPIADA
Atributos: acumulación, contención, mantenerse firme, potencial

Comprende la montaña sobre el cielo. Sugiere el poder creativo del cielo que se acumula en la fortaleza de una montaña. Este poder se puede expresar en los ahorros, las virtudes, el conocimiento y la sabiduría.

Todos estos recursos deben ser reunidos con mesura y firmeza para que sean fuerza interior y quietud exterior. Se requiere de una naturaleza decidida para prevalecer sobre los obstáculos que necesariamente se van a encontrar en la realización de grandes proyectos. Un agricultor pondrá a prueba su temple cuando tenga que domesticar un buey brioso.

De la misma manera debemos concentrar nuestras mentes y voluntades de manera vigorosa y decisiva para tener éxito e incrementar nuestras reservas. Nos espera mucho trabajo, lo cual requiere de disciplina y liderazgo fuerte.

El obstáculo que Da Xu nos advierte es la interferencia de personas problemáticas. En estos casos, las amistades deben, en lo posible, ser cultivadas, ya que estas alianzas son importantes. Por ejemplo, si los padres de la persona con quien nos queremos casar se oponen, deben ser convencidos mediante la persistencia amable.

Línea	Lectura breve para la línea mutante	Nivel de auspicio
Línea 6	El camino se encuentra despejado y lo espera el éxito.	★ Signo de buena suerte.
Línea 5	El peligro es eliminado alterando su origen.	★★ Signo de buen augurio.
Línea 4	La prevención y la acción evitan cualquier problema.	★★ Signo de buen augurio.
Línea 3	La habilidad y el valor lo acompañarán a lo largo de su viaje.	★ Signo de buena suerte.
Línea 2	Se requiere de autocontrol y mesura.	▲ Nadie tiene la culpa.
Línea 1	La acción sólo lo conducirá a la mala suerte en este momento, tenga paciencia.	▲ Nadie tiene la culpa.

Nivel general de auspicio: ★★ Este es un indicio de buen augurio.

Trigrama de la montaña: páginas 70-73. Trigrama del cielo: 46-49. Líneas mutantes: páginas 90-97.

 27 YI

ALIMENTO, LAS COMISURAS DE LA BOCA

Atributos: alimento, el cuidado de sí mismo y de los demás, templanza

Este hexagrama comprende la montaña sobre el trueno. La energía vigorosa de la naturaleza simbolizada por el trueno se siente en la base de la montaña, lista para ascender y alentar el crecimiento renovado de varias plantas que pueden alimentarnos y sanarnos. Esta imagen de nutrición también la refleja la forma del hexagrama, el cual se parece a una boca abierta, siendo las líneas yang, superior e inferiores, los labios.

La felicidad depende de la buena alimentación, tanto literal como metafóricamente. Yi enfatiza que debemos responsabilizarnos de ambos tipos de nutrición. Debemos ingerir la comida correcta y, en nuestra mente y espíritu, las ideas correctas. Las desilusiones, fantasías, lástima o avaricia son tan dañinas como una mala dieta. De la misma forma, cuando somos llamados para alimentar a otro —física, mental y emocionalmente— debemos ser cuidadosos en la discriminación de lo puro y de lo que no vale la pena.

La boca no sólo recibe la comida y la bebida, también produce el habla. Yi resalta que la moderación y la tranquilidad son tan importantes en nuestras palabras como en nuestra dieta. El exceso, la irresponsabilidad y los malos hábitos deben evitarse en ambos casos.

Línea	Lectura breve para la línea mutante	Nivel de auspicio
Línea 6	Otras personas pueden no querer su ayuda, pero debe ser constante.	★ Signo de buena suerte.
Línea 5	Su inseguridad es un obstáculo, pero el buen consejo lo fortalecerá.	★ Signo de buena suerte.
Línea 4	Puede verse en la necesidad de buscar a quienes pueden ayudarlo.	▲ Nadie tiene la culpa.
Línea 3	Pregúntese si su estilo de vida le brinda el sostenimiento espiritual.	✛ El arrepentimiento desaparecerá.
Línea 2	El fracaso de poder proveer para usted mismo afectará su autoestima.	✛✛ Puede tener mala suerte.
Línea 1	Su dieta espiritual y física deben ser elaboradas específicamente para usted.	✛✛ Puede tener mala suerte.

Nivel general de auspicio: ▲ Nadie tiene la culpa.

Trigrama de la montaña: páginas 70-73. Trigrama del trueno: 54-57. Líneas mutantes: páginas 90-97

28 DA GUO (TA KUO)
LA PREPONDERANCIA DE LO GRANDIOSO, LA TENSIÓN DEL ESFUERZO
Atributos: presión excesiva, gran peso, peligro de colapsar

Este hexagrama comprende el lago sobre el viento. El I Ching mira esta imagen como las aguas de un lago flotante que ascienden por las ramas de un árbol que normalmente se encuentran bajo el dominio del viento. Una condición como ésta es inusual y puede ser peligrosa si nos quedamos en la cercanía. Esta imagen es reforzada por la apariencia del hexagrama, que sugiere una viga de madera gruesa en la mitad (las cuatro líneas yang) pero delgada en ambas puntas (las líneas superiores e inferiores de yin). El techo completo está a punto de caerse si la viga cede en las puntas.

Da Guo aconseja que el mejor camino a tomar en este momento es retirarse lo más pronto posible, sin importar la dirección de la huída.

La presión excesiva que nos amenaza puede haber sido causada por nuestras ambiciones que exceden nuestras habilidades o por nuestras fuentes débilmente extendidas. En cuanto a los negocios, puede mostrar un exceso en expansión, lo cual ha creado una escasez de recursos y desestabilidad en el área de trabajo.

De cualquier manera, aún se puede lograr el éxito si lo permitimos. Si actuamos de manera decidida, con valentía y disciplina, todo saldrá bien. Nuestro verdadero error en este momento sería la falta de acción.

Línea	Lectura breve para la línea mutante	Nivel de auspicio
Línea 6	El agua está subiendo alrededor suyo pero el sendero correcto continua más adelante.	▲ Nadie tiene la culpa.
Línea 5	El fracaso de tratar a los demás con igualdad no trae resultados.	▲ Nadie tiene la culpa.
Línea 4	Trabajar unidos por un bien común traerá el éxito.	★ Signo de buena suerte.
Línea 3	Usted se pone en peligro rehusando la ayuda de otros.	✚ El arrepentimiento desaparecerá.
Línea 2	La renovación es posible a través del trato respetuoso de aquellos que se encuentran debajo de usted.	▲ Nadie tiene la culpa.
Línea 1	Se aconseja que no proceda sin una red de seguridad.	▲ Nadie tiene la culpa.

Nivel general de auspicio: ★ Signo de buena suerte.

Trigrama del lago: páginas 74-77. Trigrama del viento: 58-61. Líneas mutantes: páginas 90-97.

29 KAN
EL ABISMO, EL HOYO PELIGROSO
Atributos: peligro, descenso, manejo de las caídas, oscuridad

Comprende el agua sobre el agua. La sobreabundancia de agua empujará y estimulará la tendencia natural del elemento a penetrar las estructuras. Kan se relaciona con la profundidad de la duda y desesperación, pero la mejor estrategia para sobrevivir es ser como el agua: consistentes, confiables y movernos con la corriente.

Los tipos de peligros contra los cuales este hexagrama nos advierte parecen muy intimidantes: atraco, robo, engaño, trampa, abandono, incapacidad, abuso de alcohol y los peligros relacionados con el agua misma.

Sin embargo, se resalta que si enfrentamos el peligro correctamente, éste nos puede traer beneficios. Su proximidad agudiza nuestras mentes y sentidos y, si aprendemos a vencerlo, saldremos adelante con mucha más fuerza.

La clave para prevalecer sobre esta clase de juicios es permanecer en calma con una actitud positiva. La competencia externa al enfrentar el peligro fluye de manera natural desde nuestro poder interior, mientras que la fe en nosotros mismos liga el corazón con la vida y produce la fuerza para poder soportarlo. Este es el peor momento para dejarse llevar por el dolor. A través de la acción decidida, encontraremos la seguridad.

Línea	Lectura breve para la línea mutante	Nivel de auspicio
Línea 6	Se requiere de una gran reflexión para desenredar los problemas de su mente.	✚✚ Puede tener mala suerte.
Línea 5	Los planes demasiado ambiciosos se han convertido en peligros de los cuales usted debe escapar.	▲ Nadie tiene la culpa.
Línea 4	La formalidad debe ser reemplazada por la integridad y por la capacidad de ser directos.	▲ Nadie tiene la culpa.
Línea 3	Su única opción es la paciencia y no seguir avanzando o retractarse.	✚ El arrepentimiento desaparecerá.
Línea 2	Las pequeñas victorias en medio de los problemas es lo mejor que puede esperar.	▲ Nadie tiene la culpa.
Línea 1	Usted debe ser parte de la solución, no del problema.	✚✚ Puede tener mala suerte.

Nivel general de auspicio: ★ Signo de buena suerte.

Trigrama del agua: páginas 62-65. Líneas mutantes: páginas 90-97

30 LI
BRILLO, ADHERENCIA
Atributos: cohesión, iluminación, brillo

Este hexagrama comprende el fuego sobre el fuego, sugiriendo el constante esplendor de la luz solar sobre la corta luminiscencia de las fuerzas terrestres, como los espíritus de las personas ejemplares. Así como las llamas se adhieren a su combustible y la luz abraza las superficies que revela, la sabiduría humana se adhiere y alegra nuestras vidas.

De ser sostenido, el fuego depende de una fuente durable de alimento interior. Muchas veces es difícil mantener el fuego de nuestro entusiasmo, por culpa de nuestros fracasos para abastecernos de la cantidad correcta del tipo indicado de combustible, como la inspiración y el apoyo. Entonces, la llama se apaga o se descontrola.

Li nos recuerda que cada sustancia viviente ha encontrado una manera de sobrevivir. Con paciencia y docilidad podemos volver a este conocimiento instintivo y nos podemos mover hacia un estado más luminoso. Los negocios saldrán mejor.

Todo lo que necesitamos saber es accesible a través de la mente subconsciente. Una vez hayamos puesto al descubierto esta iluminación, la podemos poner al servicio de otros. Nada de lo que representa valor es producido por la vanidad ni por la carencia de simpatía y compasión hacia los demás.

Línea	Lectura breve para la línea mutante	Nivel de auspicio
Línea 6	Para resolver una situación, ataque su origen y no los síntomas.	▲ Nadie tiene la culpa.
Línea 5	Los problemas debemos resolverlos con valentía y dignidad.	★★ Signo de buen augurio.
Línea 4	Las explosiones emocionales indebidas le harán perder apoyo.	✦✦ Puede tener mala suerte.
Línea 3	Es mejor aceptar lo inevitable con dignidad que lamentarse de ello.	✦✦ Puede tener mala suerte.
Línea 2	Su comportamiento es un ejemplo para otros.	★★★ Excelente augurio.
Línea 1	La compostura y la concentración son indispensables para comenzar adecuadamente un proyecto.	▲ Nadie tiene la culpa.

Nivel general de auspicio: ★ Signo de buena suerte.

Trigrama del fuego: páginas 66-69. Líneas mutantes: páginas 90-97.

31 XIAN (HSIEN)
INFLUENCIA MUTUA, CORTEJO
Atributos: atracción, estimulación, sensibilidad, apoyo

Este hexagrama comprende el lago sobre la montaña. El lago arriba de la montaña simboliza una influencia de yin que ayuda a una poderosa fuerza de yang a mantenerse receptiva y flexible. Al mismo tiempo, el lago es apoyado y elevado, lo que de otra manera hubiera sido una situación más humilde. En términos humanos, esta relación es bien ilustrada por las parejas que se llevan bien, que siendo libres del egoísmo y perjuicio, equilibran sus respectivos extremos de la naturaleza yin y yang.

La atracción mutua típicamente se genera a través de dos individuos que se reconocen tanto en sus cualidades de similitudes como en las complementarias. Se requiere afecto y lealtad si se quiere que la atracción vaya más allá de la seducción y se convierta en cortejo y eventualmente en unión. Una asociación positiva y duradera sólo es posible cuando ambos miembros de la pareja se tratan con respeto y justicia.

Xian evoca tanto la energía como la estimulación de un nuevo romance y el compromiso y la felicidad de los recién casados. El sendero se abre ante nosotros y recibiremos grandes beneficios para nuestras vidas. En cuanto a relaciones, se indica matrimonios buenos y la pronta llegada de hijos. Respecto a los negocios, las expectativas son buenas, los empleados y los empleadores trabajan armoniosamente y se prevé una expansión.

Línea	Lectura breve para la línea mutante	Nivel de auspicio
Línea 6	Las alabanzas y conversaciones superficiales no producen nada.	▲ Nadie tiene la culpa.
Línea 5	Sus esfuerzos están siendo saboteados por falta de compromiso.	▲ Nadie tiene la culpa.
Línea 4	El corazón tiene una mejor visión que una mente turbia.	✚ El arrepentimiento desaparecerá.
Línea 3	La impaciencia lo puede llevar a una pésima apreciación del tiempo.	✚ El arrepentimiento desaparecerá.
Línea 2	Se recomienda la quietud hasta obtener una indicación clara para actuar.	▲ Nadie tiene la culpa.
Línea 1	Sus intenciones permanecerán inadvertidas hasta que no se realicen.	▲ Nadie tiene la culpa.

Nivel general de auspicio: ★ Signo de buena suerte.

Trigrama del lago: páginas 74-77. Trigrama de la montaña: páginas 70-73. Líneas mutantes: páginas 90-97.

32 HENG
PERSEVERANCIA, CONSTANCIA
Atributos: constancia, continuación, matrimonio, sociedades duraderas

Este hexagrama comprende el trueno sobre el viento. Son fuerzas efímeras pero que reaparecen eternamente. Por eso sugieren que lo duradero es posible gracias a su constante actividad y no al estancamiento. La perseverancia es posible por medio del cambio ordenado, ejemplarizado por las estaciones, en vez de la quietud.

El I Ching considera al trueno como vigoroso y el viento como amable, la combinación de estos poderes se relacionan con la manera en que las fuerzas alternan entre los periodos de expansión y contracción, así como nosotros vivimos gracias a la alternancia de la inhalación y exhalación.

En términos humanos, Heng continúa los aspectos de cortejo descritos en el hexagrama 31, evocando la noción de matrimonios largos y duraderos. Cuando dos personas se aman, respetan y trabajan unidas por un propósito mutuo, la relación se renueva. Su relación permanecerá, a través de todos los cambios, tan constante como la órbita del Sol y la Luna.

En cuanto a los negocios, Heng nos aconseja que debemos persistir en las estrategias que sabemos que son apropiadas y éticas. Debemos resistir la tentación de ensayar métodos más fáciles y de actuar deslealmente y con egoísmo.

Línea	Lectura breve para la línea mutante	Nivel de auspicio
Línea 6	La impaciencia y la inquietud interior entorpecen sus proyectos.	✚ El arrepentimiento desaparecerá.
Línea 5	Debe tener muy en claro cuándo es apropiado actuar y cuándo es mejor quedarse quieto.	✚✚ Puede tener mala suerte.
Línea 4	Asegúrese de que sus metas sean factibles antes de desperdiciar su energía inútilmente.	✚ El arrepentimiento desaparecerá.
Línea 3	El comportamiento inconsistente no beneficia su reputación.	✚ El arrepentimiento desaparecerá.
Línea 2	No hay nada vergonzoso en fracasar al querer alcanzar un imposible.	▲ Nadie tiene la culpa.
Línea 1	Cualquier trabajo exitoso es el resultado de la exitosa culminación de los detalles.	✚ El arrepentimiento desaparecerá.

Nivel general de auspicio: ★ Signo de buena suerte.

Trigrama del trueno: páginas 54-57. Trigrama del viento: páginas 58-61. Líneas mutantes: páginas 90-97.

33 DUN (TUN)
RETIRO, DESCONEXIÓN
Atributos: el retiro, dignidad, autocontrol, rehusarse a ser provocado

Comprende el cielo y la montaña. La imagen sugiere una montaña erguida desafiando la supremacía del cielo. Sin embargo, el cielo prefiere retirarse a entrar en competencia.

Dun aconseja que, en los tiempos en donde la oscuridad nos enfrenta, el curso correcto y honorable es el retiro en vez de la confrontación. La cobardía no se debe estimular, pero tampoco la obstinación y la beligerancia ya que únicamente nos agotaríamos y pondríamos en peligro a nuestros colegas de asuntos.

En situaciones como éstas, es más sabio retirarse que dejarse llevar y fracasar, o confrontar la oscuridad. El orgullo es el obstáculo que nos impide el retiro. La apatía puede resultar de mal gusto, pero es la actitud apropiada para poder prepararnos para una contraofensiva tan pronto la situación lo amerite. Debemos permanecer tranquilos, no dejarnos llevar por el odio sino por un sentido de dignidad y prudencia.

Dun nos alerta y nos dice que no es un tiempo propicio para iniciar proyectos nuevos, entablar relaciones nuevas o casarse.

Línea	Lectura breve para la línea mutante	Nivel de auspicio
Línea 6	Una situación se puede abandonar con una conciencia tranquila y buen espíritu.	★ Signo de buena suerte.
Línea 5	Se indica una separación amigable.	★ Signo de buena suerte.
Línea 4	Puede verse en la necesidad de separarse temporalmente de las personas que ama para encontrar su camino.	▲ Nadie tiene la culpa.
Línea 3	Una despedida puede convertirse en algo desagradable por culpa de la inseguridad y el apego.	★ Signo de buena suerte.
Línea 2	La dependencia de los demás puede dificultar su despedida.	▲ Nadie tiene la culpa.
Línea 1	Abstenerse de actuar puede ser el mejor camino para evitar la confrontación.	✦ El arrepentimiento desaparecerá.

Nivel general de auspicio: ★ Signo de buena suerte.

Trigrama del cielo: páginas 46-49. Trigrama de la montaña: páginas 70-73. Líneas mutantes: páginas 90-97.

34 DA ZHUANG (TA CHUANG)
EL PODER DE LO GRANDIOSO, EL AUMENTO DE LA FUERZA
Atributos: energía ascendente, el uso responsable de la fuerza

Este hexagrama comprende el cielo sobre el cielo y sugiere el movimiento ascendente de nubes de tormenta y el poder creciente (*da* significa "grandioso" y *zhuang* significa "fuerza"). La combinación de la moción del trueno y el poder del cielo se refleja en el hexagrama: las cuatro líneas yang sugieren el poder ascendente, como si el trigrama inferior yang extendiera su influencia al trigrama superior.

El mensaje de Da Zhuang es completamente opuesto a lo que sugiere el hexagrama anterior, que nos aconsejaba el retiro. Nos dice que el momento es apropiado para un avance, pues nuestra energía es como la de un hombre joven que quiere actuar. El reto consiste en desarrollar la fuerza adecuada y saber en dónde emplearla.

La fuerza y confianza excesivas son peligrosas en este tiempo. La flexibilidad, la receptividad, la adaptabilidad y la perseverancia son requisitos de un poder efectivo.

En las relaciones de negocios, Da Zhuang enfatiza las estrategias éticas. En las relaciones, advierte contra las acciones precipitadas (como las propuestas de matrimonio impulsivas). Se logran más cosas por medio de la paciencia y amabilidad consistente.

Línea	Lectura breve para la línea mutante	Nivel de auspicio
Línea 6	No tiene sentido continuar dándose golpes contra la pared.	★ Signo de buena suerte.
Línea 5	Ahora que la situación está bajo control, no hay necesidad de continuar con la agresión.	▲ Nadie tiene la culpa.
Línea 4	La perseverancia silenciosa en su trabajo lo llevarán al éxito.	★★ Signo de buena suerte.
Línea 3	No gaste su energía demasiado rápido.	+++ Tenga cuidado.
Línea 2	A medida que domine los problemas, no se vuelva demasiado confiado.	★★ Signo de buen augurio.
Línea 1	Resista el impulso de querer actuar demasiado rápido.	+ El arrepentimiento desaparecerá.

Nivel general de auspicio: ★ Signo de buena suerte

Trigrama del trueno: páginas 54-57. Trigrama del cielo: páginas 46-49. Líneas mutantes: páginas 90-97.

35 JING (CHIN)
PROGRESO, AVANCE
Atributos: reconocimiento, promoción, recompensa, cambio rápido y fácil

Este hexagrama comprende el fuego sobre la tierra. Evoca la imagen de un sol que asciende sin ningún trabajo en el horizonte durante el amanecer. El sol ascendente sugiere los comienzos nuevos y una brillante esperanza para el futuro; Jing anuncia un período de sorprendente progreso fácil y de una expansión creciente.

Jing también nos dice que debemos emular el sol ascendente, permitiendo que nuestro trabajo y talentos iluminen los senderos de cada uno. Esto sólo es posible si mantenemos nuestros motivos puros. Así como el esfuerzo muchas veces se consolida con nuestro carácter, el progreso que necesitó un poco de esfuerzo lo socavará.

El cultivo de la conciencia es recomendado. Nuestra luz no debe ser opacada por la falta de sinceridad o vanidad. Cuando el éxito se alcanza de manera fácil, no es raro caer en el orgullo y la presunción. Esto debe evitarse.

Los pronósticos en los negocios son muy favorables en esta época, se pueden lograr nuevas carreras profesionales y promociones. Las relaciones son igualmente positivas, y Jing nos dice que éste es el momento apropiado para mudarnos a una casa nueva o a un lugar nuevo dentro del país.

Línea	Lectura breve para la línea mutante	Nivel de auspicio
Línea 6	Controle su temperamento y trate a las personas con respeto.	★ Signo de buena suerte.
Línea 5	El éxito es posible sin recurrir a la ostentación o arrogancia.	★★ Signo de buen augurio.
Línea 4	Su actual rumbo puede poner al descubierto secretos no bienvenidos.	✦✦✦ Sea precavido.
Línea 3	Tiene el apoyo de aquellas personas que confían en usted.	✦ El arrepentimiento desaparecerá.
Línea 2	Siga tratando de conectarse con aquellas personas que puedan ayudarlo.	▲ Nadie tiene la culpa.
Línea 1	A pesar de sus dudas, haciendo lo correcto obtendrá el progreso.	▲ Nadie tiene la culpa.

Nivel general de auspicio: ★★ Signo de buen augurio.

Trigrama del fuego: páginas 66-69. Trigrama de la tierra: páginas 50-53. Líneas mutantes: páginas 90-97.

36 MING YI (MING I)
EL OSCURECIMIENTO DE LA LUZ, EL LASTIMAR EL BRILLO
Atributos: oscuridad, condiciones adversas, la virtud escondida

Este hexagrama comprende la tierra sobre el fuego, sugiriendo el recogimiento de la noche a medida que el sol baja en el horizonte. Así como el hexagrama 35 señala el progreso fácil como parte del ciclo de la vida, Ming Yi nos recuerda que la oscuridad es tan inevitable como el amanecer.

Durante estos periodos, avanzar resulta muy difícil (aunque la imagen de la noche y el eventual amanecer indican que el éxito es alcanzable en el tiempo adecuado). El rumbo más aconsejable es esperar.

En tiempos de oscuridad, los individuos de naturaleza oscura, a menudo, se encuentran en posiciones de autoridad. Ming Yi aconseja que éste no es el momento de oponerse ya que podemos a ser tragados por la oscuridad. Debemos ocultar nuestra luz interior para resistir.

Esto no quiere decir que debamos prestar nuestro poder a la persona equivocada o al esquema equivocado. Todo lo contrario, debemos cultivar el desprendimiento exterior y la perseverancia interior. De esta manera, nos mantenemos alejados del peligro y el engaño para ser luz en la oscuridad.

Línea	Lectura breve para la línea mutante	Nivel de auspicio
Línea 6	Fuerzas opositoras lo doblegarán pero éstas perderán su terreno.	✚ El arrepentimiento desaparecerá.
Línea 5	Sea decidido al enfrentar la creciente oposición.	★ Signo de buena suerte.
Línea 4	Observe con cuidado a sus opositores, busque alguna debilidad.	▲ Nadie tiene la culpa.
Línea 3	Después de una victoria fácil, cuídese al querer implementar los cambios rapidamente.	★ Signo de buena suerte.
Línea 2	Está sufriendo un retroceso, pero puede retirarse de manera segura para reconstruir su resistencia.	★ Signo de buena suerte.
Línea 1	Asegúrese de que su deseo por obtener resultados no lo aleje de los demás.	▲ Nadie tiene la culpa.

Nivel general de auspicio: ▲ Nadie tiene la culpa.

Trigrama de la tierra: páginas 50-53. Trigrama del fuego: páginas 66-69. Líneas mutantes: páginas 90-97.

37 JIA REN (CHIA JEN)
LA FAMILIA ARMONIOSA, EL HOGAR BIEN ORGANIZADO

Atributos: las relaciones familiares, trabajo de equipo, la comunicación dentro de un grupo, liderar a través del ejemplo

Este hexagrama comprende el viento sobre el fuego. Los miembros de una familia son reconfortados y fortalecidos por las palabras (viento) que provienen del espíritu interior (fuego) de cada miembro.

Estas llamas internas deben ser mantenidas cuidadosamente y alimentadas por el combustible de aquellos en el hogar. La leña inadecuada producirá poco calor y la familia no sentirá el deseo de reunirse alrededor de la chimenea. Del mismo modo, palabras vacías no podrán unir a los individuos.

Jia Ren enfatiza que la integridad y la comunicación son vitales para una familia bien establecida y, por ello, para una sociedad armoniosa y un mundo en paz. Tradicionalmente, una familia bien conformada se creaba sobre unos fundamentos de roles y responsabilidades formales y complementarios del padre, madre e hijos. A pesar de los cambios sociales, éstas son verdaderas metáforas.

Del mismo modo, cada persona involucrada en una empresa debe saber cuál es su mejor manera de contribuir. Aquellos que funcionan como líderes deben inspirar a otros cultivando en ellos mismos el amor, la lealtad y el sentido de lo correcto.

Línea	Lectura breve para la línea mutante	Nivel de auspicio
Línea 6	Todos se benefician del progreso que logra por medio del esfuerzo que proviene del buen corazón.	★★ Signo de buen augurio.
Línea 5	La lealtad se logra por medio del afecto y no del miedo.	★★ Signo de buen augurio.
Línea 4	El éxito se obtiene por la prudencia y el equilibrio.	★★★ Excelente augurio.
Línea 3	Un carácter demasiado severo y serio puede dañar el éxito.	✚ El arrepentimiento desaparecerá.
Línea 2	Trate de corregir suavemente los desequilibrios en su dieta y salud.	★ Signo de buena suerte.
Línea 1	Todos deben comprender su función en la comunidad y ser respetados por ello.	▲ Nadie tiene la culpa.

Nivel general de auspicio: ★ Signo de buena suerte.

Trigrama del viento: páginas 58-61. Trigrama del fuego: páginas 66-69. Líneas mutantes: páginas 90-97.

38 KUI (KU)
OPOSICIÓN, FALTA DE ARMONÍA

Atributos: polarización, propósitos frustrados, incompatibilidad, distanciamiento, conflicto interno

Este hexagrama comprende el fuego sobre el lago. La naturaleza de las llamas es subir y la naturaleza del agua es bajar, así que no tienen fundamento para alcanzar la armonía descrita en el hexagrama 37. Inclusive los hexagramas nucleares reflejan la oposición de los dos elementos.

En términos humanos, esta carencia de comunicación puede expresarse como simple indiferencia (el agua no puede extinguir las llamas, ni las llamas calentar el agua) o como un rechazo que provoca destrucción.

Alertándonos sobre esta tendencia, Kui recomienda tratar de reconciliar las fuerzas opositoras, sin importar si tienen que ver con nuestra desunión interior, con el desacuerdo con una persona, grupo o con una discordia entre dos grupos. La clave está en encontrar la armonía a través de la diversidad, pero se nos advierte que necesitaremos un sitio apropiado y un tiempo propicio para permitir que esta empresa florezca.

Si somos una parte del conflicto, debemos reflexionar sobre nuestra actitud. En contraste, cuando nuestros motivos e informaciones son correctos, no debemos dejarnos influenciar por las energías contrarias como el temor.

Línea	Lectura breve para la línea mutante	Nivel de auspicio
Línea 6	Desconfiar de lo que proviene del corazón nos aisla.	★ Signo de buena suerte.
Línea 5	Tenga cuidado de juzgar equivocadamente a alguien que es honesto.	▲ Nadie tiene la culpa.
Línea 4	Su aislamiento será disminuido al conocer un espíritu emparentado.	▲ Nadie tiene la culpa.
Línea 3	Con fuerza de voluntad podrá triunfar después de un comienzo difícil.	★ Signo de buena suerte.
Línea 2	Un encuentro accidental conducirá a una unión fuerte.	▲ Nadie tiene la culpa.
Línea 1	No trate de arreglar los conflictos actuales utilizando la fuerza.	▲ Nadie tiene la culpa.

Nivel general de auspicio: ▲ Nadie tiene la culpa.

Trigrama del fuego: páginas 66-69. Trigrama del lago: páginas 74-77. Líneas mutantes: páginas 90-97.

39 JIAN (CHEN)
OBSTRUCCIÓN, INTERRUPCIÓN DE LA FLUIDEZ
Atributos: obstáculos, problemas, injurias, impases

Este hexagrama comprende el agua sobre la montaña, sugiriendo un cuerpo de agua sostenido en lo alto de una cumbre. Su inclinación natural de fluir hacia abajo está impedida. Sólo cuando se haya acumulado suficiente agua, reventará y fluirá.

Jian nos advierte que nuestra situación se ha cargado de tantos obstáculos que se ha vuelto extremadamente peligrosa. Estos peligros externos no deben ser enfrentados directamente. De existir alguna seguridad, se pueden esquivar los peligros, pero es más probable que debamos permanecer en donde estamos, hasta que hayamos fortalecido nuestras fuerzas y consolidado el apoyo. No nos podemos escapar de ésta situación. Debemos unir fuerzas con quienes comparten nuestro pensamiento.

Mientras esperamos el momento oportuno y el apoyo, es importante no darnos lástima, ni culpar a nadie ni a nada. Es mejor reflexionar sobre la situación y preguntarnos por nuestra responsabilidad. Posiblemente, el peligro exterior se origina en los obstáculos de nuestra mente.

Línea	Lectura breve para la línea mutante	Nivel de auspicio
Línea 6	La perseverancia conducirá a más problemas, pero no se rinda.	★ Signo de buena suerte.
Línea 5	Sus amistades lo rodearán brindando su apoyo en los esfuerzos que usted haga.	▲ Nadie tiene la culpa.
Línea 4	A medida que aumenta la oposición, tome el tiempo requerido para reunir apoyo y crear estrategias.	✚ El arrepentimiento desaparecerá.
Línea 3	Es más sensato retirarse que malgastar energía.	★ Signo de buena suerte.
Línea 2	Un sentido noble de responsabilidad lo obliga a continuar y enfrentar la oposición.	✚ El arrepentimiento desaparecerá.
Línea 1	Analice los problemas que lo bloquean en vez de armarse para batallar.	★ Signo de buena suerte.

Nivel general de auspicio: ▲ Nadie tiene la culpa

Trigrama del agua: páginas 62-65. Trigrama de la montaña: páginas 70-73. Líneas mutantes: páginas 90-97.

40 JIE (HSIEH)
ENTREGA, LIBERACIÓN
Atributos: liberar tensiones, convalecencia, alivio, mitigación

Este hexagrama comprende el trueno sobre el agua, sugiriendo la liberación de la tensión después de una tormenta. El trueno (el que despierta) muestra un movimiento hacia arriba y de alejamiento, mientras que el agua (lo abismal), sugiere el peligro. Por este motivo, Jie es el hexagrama del retiro del peligro, opuesto al hexagrama 39.

Jie aconseja que no debemos relajarnos prematuramente o asumir que ahora podemos avanzar hacia nuevas victorias. Al contrario, recomienda que regresemos lo más pronto posible a nuestra antigua forma de vida y a una posición de centralidad. Nuestra entrega en este momento, no es más que una oportunidad para comenzar algo nuevo.

A medida que avanzamos hacia un terreno más seguro, debemos librar nuestra mente y emociones de las dificultades del pasado. Los temas no resueltos deben ser tratados para avanzar y permitir que nuestro futuro se desenvuelva. Si las dificultades recientes fueron causadas por errores de otros, debemos perdonarlos, en vez de que nuestro sufrimiento nos hunda. No hacer esto impedirá nuestro progreso. En cuanto a los negocios, Jie predice una expansión después de un periodo difícil. Aquellos en busca de nuevas posiciones tendrán éxito si la entrevista es realizada por la mañana.

Línea	Lectura breve para la línea mutante	Nivel de auspicio
Línea 6	Se requiere de la acción osada para remover los obstáculos persistentes.	★ Signo de buena suerte.
Línea 5	Evite asociarse con personas cuyas actitudes desgastan su energía.	★★ Signo de buen augurio.
Línea 4	Sepa diferenciar entre los verdaderos amigos y quienes sólo desean utilizarlo.	★★ Signo de buen augurio.
Línea 3	La complacencia lo conducirá al fracaso.	✦ El arrepentimiento desaparecerá.
Línea 2	Puede ver a través de los halagos superficiales y las mentiras.	★ Signo de buena suerte.
Línea 1	Habiendo purificado el ambiente, no tendrá problemas en seguir adelante	▲ Nadie tiene la culpa.

Nivel general de auspicio: ★★ Signo de buen augurio.

Trigrama del trueno: páginas 54-57. Trigrama del agua: 62-65. Líneas mutantes: páginas 90-97.

41 SUN
DISMINUCIÓN, EL LÍMITE
Atributos: mesura, dejar lo innecesario, disciplina

Este hexagrama comprende la montaña sobre el lago. Como la energía constantemente se redistribuye, los recursos disminuyen en un área para incrementarse en otra. La montaña se derrumba lentamente hacia el lago, haciéndolo crecer; en cambio el agua, mantenida en su lugar por la montaña, se evapora.

Sun sugiere que cuando los inferiores disminuyen en beneficio de los superiores, la estabilidad es más vulnerable que cuando el flujo es reversado. Por ejemplo, un edificio con paredes superiores más fuertes que las inferiores, tiene una estabilidad muy precaria, igual que una nación en donde la riqueza del que la gobierna aumenta constantemente mientras que los pobres se vuelven cada vez más pobres.

Todo en algún momento se encontrará con circunstancias que demandarán gran frugalidad. En tiempos como ese, debemos controlar nuestras emociones así como nuestras complacencias. La impaciencia y la rabia en tales reveses de suerte, sólo empobrecerá nuestra tranquilidad. La aceptación y un sentido de perspectiva evitarán el cansancio causado por el resentimiento. Una calidad de vida espiritual y armoniosa debe ser desarrollada como equilibrio de la pérdida material. Sun nos previene del libertinaje, aconseja la mesura con las finanzas y la energía emocional.

Línea	Lectura breve para la línea mutante	Nivel de auspicio
Línea 6	El éxito real consiste en ayudar.	★★ Signo de buen augurio.
Línea 5	El éxito es inevitable.	★★ Signo de buen augurio.
Línea 4	Corrigiendo sus errores usted se vuelve más accesible.	▲ Nadie tiene la culpa.
Línea 3	Tenga cuidado con los celos y con el aislamiento.	▲ Nadie tiene la culpa.
Línea 2	Para ser un apoyo para los demás, no debe dar demasiado.	★ Signo de buena suerte.
Línea 1	Tenga tacto y sea prudente cuando ayude a aquellos que lo necesitan.	▲ Nadie tiene la culpa.

Nivel general de auspicio: ★★ Signo de buen augurio.

Trigrama de la montañá: páginas70-73. Trigrama del lago: páginas 74-77. Líneas mutantes: páginas 90-97.

42 YI
AUMENTO, ACUMULACIÓN
Atributos: ganancia material, bendiciones, ganancia inesperada

Comprende el viento sobre el trueno, símbolo del aumento: el viento lleva el vigoroso sonido del trueno más lejos de lo normal. Yi tiene connotaciones opuestas al hexagrama 41, aquí la generosidad es expresada desde arriba, como en una nación donde los ricos trabajan para reducir la desigualdad y que todos se beneficien.

Como el negativismo del hexagrama anterior, de duración limitada, así es la generosidad de Yi. Consecuentemente, este no es el momento para quedarse quieto. Es posible hacer realidad grandes proyectos. La ganancia será incrementada por medio del esfuerzo continuo y la acción segura.

Mientras capitalizamos nuestra fortuna material, también debemos recordar trabajar en la autosuperación, aprendiendo a través de los buenos ejemplos de otros y erradicando los aspectos menos honorables de nuestras personalidades. En nuestro afán de sacar el mayor provecho de estos momentos, siempre debemos actuar con generosidad.

En los asuntos de negocios y relaciones, Yi nos aconseja enfrentar retos, aun ante la desconfianza de nuestras amistades. Debemos apreciar el momento.

Línea	Lectura breve para la línea mutante	Nivel de auspicio
Línea 6	El no querer ayudar a otros lo hará perder el respeto.	✚✚ Puede tener mala suerte.
Línea 5	Trate a las demás personas con generosidad sin esperar alguna recompensa.	★★ Signo de buen augurio.
Línea 4	La confianza ha sido depositada en usted para asegurar que los beneficios sean bien distribuidos.	✚ El arrepentimiento desaparecerá.
Línea 3	Cultive la habilidad de encontrar bendiciones en las desgracias.	★★ Signo de buen augurio.
Línea 2	Nada puede entrometerse en su camino mientras valore el bien común.	★★ Signo de buen augurio.
Línea 1	Brinde la ayuda que usted recibió a aquellos que la necesitan.	★★★ Excelente augurio.

Nivel general de auspicio: ★★ Signo de buen augurio.

Trigrama del viento: páginas 58-61. Trigrama del trueno: páginas 54-57. Líneas mutantes: páginas 90-97.

43 GUAI (KUAI)
GRAN LOGRO, RESOLUCIÓN
Atributos: confrontación, determinación, hablar en público, eliminación de lo que no vale la pena

Este hexagrama comprende el lago sobre el cielo. Una vez que el agua del lago se haya evaporado y elevado al cielo, las nubes comienzan a nublarlo, creando una tensión que sólo podrá liberarse con una fuerte lluvia. De la misma forma, el agua acumulada sobre las partes altas de la tierra está a punto de reventar las barreras que la contienen.

Esta descarga violenta de energía se observa cuando, rodeados por presencias peligrosas, nos vemos obligados a resolverlas por medio de la confrontación para luego eliminarlas. Guai nos aconseja que ya pasó el tiempo de incertidumbre y es el momento para atacar estas fuerzas e influencias negativas. Como la confrontación es inevitable, se nos aconseja tomar una decisión para ver cómo resolver la situación antes de que se torne peligrosa.

Cuando nos vemos obligados a tratar estas situaciones, es importante tener en cuenta no combatir el fuego con el fuego, es decir, no usar los métodos poco honrosos de su oponente contra él. Comprometer nuestras virtudes por medio de un comportamiento poco ético o con fuerza excesiva, permitiendo que nuestra rabia o ego nos tome ventaja, debe ser evitado a toda costa.

Guai enfatiza que la mejor táctica para combatir el negativismo en las personas o en nosotros mismos es canalizar nuestras energías e incrementar nuestras virtudes.

Línea	Lectura breve para la línea mutante	Nivel de auspicio
Línea 6	Una aparente victoria puede ser un fracaso a menos que le preste atención.	✚✚ Puede tener mala suerte.
Línea 5	Los problemas pequeños deben ser tratados con delicadeza.	▲ Nadie tiene la culpa.
Línea 4	Está luchando solo, le iría mucho mejor con el trabajo y ayuda de otros.	✚ El arrepentimiento desaparecerá.
Línea 3	A pesar de no contar con el aprecio, debe seguir sobre su sendero.	▲ Nadie tiene la culpa.
Línea 2	Si usted se mantiene alerta, el peligro no lo tomará por sorpresa.	▲ Nadie tiene la culpa.
Línea 1	Analice su fuerza antes de comenzar su nuevo proyecto.	▲ Nadie tiene la culpa.

Nivel general de auspicio: ▲ Nadie tiene la culpa.

Trigrama del lago: páginas 74-77. Trigrama del cielo: páginas 46-49. Líneas mutantes: páginas 90-97.

44 GOU (KOU)
ENCONTRARSE, TENTACIÓN
Atributos: el encuentro de malas influencias, decepción, seducción, adicción, disipación

Este hexagrama comprende el cielo sobre el viento, una imagen sugestiva de sabiduría divina que es diseminada libremente por una brisa suave. Seguir este consejo depende totalmente de nosotros.

La forma del hexagrama sugiere la naturaleza del mensaje. La única línea yin puede ser considerada como una infiltración del normalmente sólido hexagrama yang, así como la oscuridad cubre poco a poco la aparente victoria de la luz. Por esta razón, Gou es asociado con el solsticio de verano cuando la noche comienza a prolongarse.

Debemos estar prevenidos de aquellas personas, influencias y hábitos que no son dignos. Por el momento estos aparentan ser inofensivos, pero si no se controlan sus influencias, su negatividad puede, de manera fácil y repentina, consumirnos y afectar a los que nos rodean. Las fuerzas malignas contra las cuales Gou nos advierte, nos podrían inducir al consumo de droga, alcohol, a una dieta mala, un comportamiento sexual dañino y al juego.

Así como la noche comienza a prolongarse imperceptiblemente, las fuerzas pueden reunirse sigilosamente y seducirnos hacia estas inclinaciones, dejándonos en un estado débil y vulnerable para ser explotados. Este hexagrama nos previene de estos peligros.

Línea	Lectura breve para la línea mutante	Nivel de auspicio
Línea 6	Absténgase de ser impaciente en lo que considera una tontería en las demás personas.	▲ Nadie tiene la culpa.
Línea 5	Sea amable y protector con las personas que aprecia.	▲ Nadie tiene la culpa.
Línea 4	No debe aislar a las personas que considera inútiles.	✚✚ Puede tener mala suerte.
Línea 3	No le colabore a las personas que no son dignas.	▲ Nadie tiene la culpa.
Línea 2	Utilice la diplomacia en vez de la fuerza para controlar a las personas problemáticas.	▲ Nadie tiene la culpa.
Línea 1	No permita que su oposición se convierta en fuerza.	▲ Nadie tiene la culpa.

Nivel general de auspicio: ✚ El arrepentimiento desaparecerá.

Trigrama del cielo: páginas 46-49. Trigrama del viento: páginas 58-61. Líneas mutantes: páginas 90-97.

45 CUI (TSUI)
REUNIRSE, COMUNIDAD
Atributos: congregación, intención compartida, cohesión de grupo, acuerdo, organización

Comprende el lago sobre la tierra y sugiere dos tipos de reunión: el lago que se forma por la acumulación del agua y la comunidad que trabaja unida para evitar que las aguas se desborden. Cui representa la reunión de un grupo de personas con un propósito mutuo.

Mientras que la fuerza colectiva de comunidades unidas es capaz de alcanzar grandes cambios, existe el peligro del conflicto, robo y abuso donde se encuentren muchas personas. Cui nos llama a prepararnos para las situaciones inesperadas y trabajar para mantener el orden. Así como el agua del lago, la exhuberancia de lo acumulado debe ser limitada.

Consecuentemente, cuando se reúne un grupo de personas, la influencia estabilizadora de un buen líder se hace necesaria. Para asumir este papel, debemos desarrollar una firmeza en el carácter, que es indispensable para manejar los eventos inesperados, desarrollar la intención mutua y coordinar la actividad.

Ganarse el apoyo y la confianza de la comunidad pone a prueba nuestra fuerza mental y emocional, así como nuestra resistencia física; pero cuando las cosas grandiosas se logran por la buena voluntad y el apoyo mutuo, estos esfuerzos son recompensados.

Línea	Lectura breve para la línea mutante	Nivel de auspicio
Línea 6	Aparentemente se ha rechazado el ofrecimiento de una amistad, pero se dará cuenta más tarde.	▲ Nadie tiene la culpa.
Línea 5	Tenga cuidado de aquellos que dan su amistad a cambio de favores.	▲ Nadie tiene la culpa.
Línea 4	Cuando usted trabaja para un bien común, no le importará la envidia.	★ Signo de buena suerte
Línea 3	Un grupo social parece no dejarlo entrar, pero alguien le tenderá una mano para que pueda.	▲ Nadie tiene la culpa.
Línea 2	Guíese por sus instintos al escoger con quién se asocia.	★ Signo de buena suerte.
Línea 1	El progreso se puede lograr si se une a otros en un propósito común.	▲ Nadie tiene la culpa.

Nivel general de auspicio: ★★ Signo de buen augurio.

Trigrama del lago: páginas 74-77. Trigrama de la tierra: páginas 50-53. Líneas mutantes: páginas 90-97.

46 SHENG

EL EMPUJE HACIA ARRIBA, ASCENDENCIA

Atributos: crecimiento constante, incremento, subienda, primavera

Este hexagrama comprende la tierra sobre el viento. Como el viento se asocia con la madera, Sheng sugiere el crecimiento sutil e incesante de un árbol pequeño que florece en los primeros días de la primavera. Así como los árboles jóvenes y saludables buscan la altura sin cansancio y sin aparente esfuerzo, encontraremos con facilidad el movimiento de un nivel inferior a un nivel superior en este momento. Los obstáculos serán pocos, pequeños e intercalados.

Se nos aconseja sacar el máximo provecho de estas condiciones favorables, pero también que el progreso sea gradual y sin prisa. Nuestro crecimiento está garantizado, aunque no sea inmediato. La impaciencia y el apresuramiento son síntomas de nuestra ansiedad por el progreso, pero Sheng nos asegura que esta duda no tiene fundamento. El éxito se logrará si continuamos escalando con fe y confianza. Para poder continuar el progreso armónico, nos aconseja cultivar nuestra fuerza de voluntad y autocontrol pues en este momento los obtáculos provienen del interior, como la pereza y el orgullo. Todos los planes nuevos como negocios, matrimonio o hijos tienen luz verde.

Línea	Lectura breve para la línea mutante	Nivel de auspicio
Línea 6	El sendero más directo no siempre es el correcto, así que considere las alternativas.	▲ Nadie tiene laculpa.
Línea 5	No se deje cegar por los logros pequeños, concéntrese en su meta.	★ Signo de buena suerte.
Línea 4	Con la estimulación de una persona influyente, continuará su escalada.	★ Signo de buena suerte.
Línea 3	Todo marcha bien, pero pronto su suerte cambiará.	▲ Nadie tiene la culpa.
Línea 2	Una oferta pequeña pero sincera supera una grande y superficial.	▲ Nadie tiene la culpa.
Línea 1	Un inamovible sentido de lo correcto lo guiará en su búsqueda.	★★★ Excelente augurio.

Nivel general de auspicio: ★★ Signo de buen augurio.

Trigrama de la tierra: páginas 50-53. Trigrama del viento: páginas 58-61. Líneas mutantes: páginas 90-97.

47 KUN

CANSANCIO, OPRESIÓN

Atributos: el colapso del esfuerzo, depresión, desesperación, resignación, restricción

Este hexagrama comprende el lago sobre el agua. Esto sugiere un lago cuya agua ha sido totalmente succionada, que ha penetrando la tierra o ha corrido cuesta abajo. Esto refleja la manera como nos sentimos cuando la adversidad prolongada agota nuestra energía y confianza. Una de nuestras cualidades más valiosas es el sentido del propósito. Cuando éste se agota, el progreso parece imposible. Kun nos recuerda que todos encontramos de vez en cuando estos periodos de la vida. Nuestro valor no se mide de acuerdo a nuestro éxito o fracaso, sino por nuestra habilidad para responder con gracia en ambas situaciones.

Sentir lástima por nosotros mismos o pesimismo, aunque los eventos justifiquen estos sentimientos, es invariablemente peligroso. Poder permanecer alegres cuando enfrentemos la adversidad, pobreza y opresión es esencial si queremos encontrar soluciones.

El descanso y la buena alimentación recuperan el espíritu agotado. Kun sugiere que aprovechemos estos tiempos para estudiar e investigar, revitalizar nuestro interés en la vida y prepararnos para el progreso, también aconseja cambios en nuestro trabajo y estilo de vida.

Línea	Lectura breve para la línea mutante	Nivel de auspicio
Línea 6	Es necesario ser decidido si desea tener éxito.	★★ Signo de buena suerte.
Línea 5	A pesar de no contar con ayuda humana, las fuerzas superiores están con usted.	✚ El arrepentimiento desaparecerá.
Línea 4	Las obstrucciones y las situaciones sociales incómodas pueden ser el resultado de su indecisión.	✚ El arrepentimiento desaparecerá.
Línea 3	El retiro y la dependencia pueden ser desastrosas en este momento.	✚✚ Puede tener mala suerte.
Línea 2	Los lujos exteriores no pueden satisfacer el alma.	▲ Nadie tiene la culpa.
Línea 1	Cuídese de rendirse ante la depresión y la falta de acción.	✚ El arrepentimiento desaparecerá.

Nivel general de auspicio: ▲ Nadie tiene la culpa.

Trigrama del lago: páginas 74-77. Trigrama del agua: páginas 62-65. Líneas mutantes: páginas 90-97.

48 JING (CHING)
EL POZO, LA FUENTE
Atributos: saciar, calmar la sed espiritual, comunión, conexión

Este hexagrama comprende el agua sobre el viento. El I Ching nuevamente utiliza la asociación del viento con el elemento madera: la madera sumergiéndose en el agua sugiere el símbolo de un pozo de donde cuelgan jarras de cerámica (en el estilo tradicional chino de los pozos) o baldes de madera (en pozos occidentales) que son bajados con cuerdas para poder sacar el agua necesaria para la existencia de la comunidad.

Por otro lado, el pozo sugiere la fuente de donde sale nuestro espíritu. Así como nuestro cuerpo necesita el agua limpia, la sed de nuestro espíritu también debe ser saciada. El agua metafórica que nutre el espíritu, como el agua real de un pozo, se encuentra debajo de la superficie de nuestra vida. Jing nos recuerda que si vivimos únicamente en el orden superficial del mundo, nuestras necesidades más básicas permanecerán incompletas.

Si a un pozo no se le hace el mantenimiento apropiado o se deja contaminar, nadie tomará de él. Entonces, las fuentes del alimento espiritual deben ser mantenidas en buenas condiciones. Jing también relaciona el pozo con la educación, otra fuente inagotable. Obtener sabiduría y conocimiento descontaminado debe ser tan importante como tomar agua.

Línea	Lectura breve para la línea mutante	Nivel de auspicio
Línea 6	Se ha conseguido la buena suerte.	★★★ Excelente augurio.
Línea 5	El éxito en el mundo depende de un espíritu bien nutrido.	▲ Nadie tiene la culpa.
Línea 4	Es un buen tiempo para examinar el espíritu y el equilibrio.	▲ Nadie tiene la culpa.
Línea 3	No se está prestando atención a una obvia fuente de sostenimiento.	▲ Nadie tiene la culpa.
Línea 2	Pueden resultar problemas de su fracaso por cultivar sus cualidades.	✦✦ Puede tener mala suerte.
Línea 1	El estancamiento debe ser superado por la renovación espiritual.	✦ El arrepentimiento desaparecerá.

Nivel general de auspicio: ✦✦ Puede tener mala suerte.

Trigrama del agua: páginas 62-65. Trigrama del viento: páginas 58-61. Líneas mutantes: páginas 90-97.

49 GE (KO)
REVOLUCIÓN, CAMBIO
Atributos: cambio radical, innovación, reforma, renovación, cataclismo

Este hexagrama comprende el lago sobre el fuego. La idea de fuego debajo de la superficie de un lago inmediatamente sugiere tendencias opuestas. El lago tratará de apagar el fuego y el fuego tratará de secar el lago. Esto es el reflejo de la continua lucha de la vida por equilibrar los opuestos como ying y yang, verano e invierno, luz y oscuridad.

Cuando existen los desequilibrios, los cambios radicales a veces se hacen necesarios, el viejo orden debe ser eliminado para darle campo al nuevo. En el mundo político, esto se expresa por medio de revoluciones, así como ha sucedido innumerables veces durante la historia de las dinastías chinas.

Como las revoluciones políticas primero se manifiestan en la mente antes de exteriorizarse al mundo, así deben surgir los cambios radicales en nuestras vidas después de ser analizados con gran consideración. Todas las alternativas deben ser consideradas.

Inclusive después de tales deliberaciones, todavía tenemos que esperar el tiempo más propicio para actuar. Ge nos recuerda que para reunir todo el apoyo, los cambios no se deben implementar con afán. El cambio efectivo requiere tiempo de planeación.

Línea	Lectura breve para la línea mutante	Nivel de auspicio
Línea 6	Logrado el éxito en los asuntos de peso, no descuide los detalles.	▲ Nadie tiene la culpa.
Línea 5	Sus estrategias han ganado la confianza de aquellos que lo rodean.	★ Signo de buena suerte.
Línea 4	Puede alcanzar grandes cambios si sus motivos son puros.	★★ Signo de buen augurio.
Línea 3	Debe encontrar equilibrio en la incertidumbre y la impaciencia.	▲ Nadie tiene la culpa.
Línea 2	Se requiere un cambio radical pero planeado con gran cuidado.	★ Signo de buena suerte.
Línea 1	Cerciórese muy bien de la necesidad de grandes cambios antes de realizarlos.	▲ Nadie tiene la culpa.

Nivel general de auspicio: ★ Signo de buena suerte.

Trigrama del lago: páginas 74-77. Trigrama del fuego: páginas 66-69. Líneas mutantes: páginas 90-97.

 50 DING (TING)

LA CALDERA, LA JARRA SAGRADA

Atributos: transformación, alimento, sacrificio, consagración

Este hexagrama comprende el fuego sobre el viento. El viento está conectado con el elemento madera, así que la combinación sugiere llamas ardiendo sobre una pila de leña muy bien ventilada. Está relacionado con la cocina, ya que la forma del hexagrama se parece al ding tradicional chino, una caldera de bronce decorada con inscripciones sagradas. Las líneas yang corresponden al cuerpo de una olla con su tapa, y las líneas yin representan sus dos manijas y dos patas. Esta imagen, una caldera humeante con comida como símbolo de abundancia y alimento, también ejemplariza la noción de la transformación pues el arte de cocinar está relacionado con la alquimia.

El ding también se utilizaba para los ofrecimientos de comida en honor a los ancestros y a los poderes espirituales superiores. En este contexto, la humilde olla de cocinar se transformaba en un recipiente ceremonial, que contenía la ofrenda, de la misma manera en que las calderas de nuestra mente ofrecen gratitud a los reinos superiores.

Ding representa el encuentro de las dimensiones físicas y metafísicas, recordándonos que ambos aspectos deben ser tomados en cuenta y respetados si queremos una vida buena.

Línea	Lectura breve para la línea mutante	Nivel de auspicio
Línea 6	Habiendo logrado el éxito, debe permanecer humilde y generoso.	★★★ Fxcelente augurio.
Línea 5	Delegue la responsabilidad de manera sabia y no trate de controlar todo.	★ Signo de buena suerte.
Línea 4	Cuando se sienta sobrecargado de responsabilidad, no la comparta con aquellos que no sean dignos de su confianza.	✚✚ Puede tener mala suerte.
Línea 3	Sus virtudes permanecerán desapercibidas hasta que usted se comprometa en una labor honorable.	★ Signo de buena suerte.
Línea 2	No permita que la envidia lo distraiga de su verdadero propósito.	★★ Signo de buen augurio.
Línea 1	Lo que se purgue de impurezas, tendrá un valor equitativo.	▲ Nadie tiene la culpa.

Nivel general de auspicio: ★★★ Signo de excelente augurio.

Trigrama del fuego: páginas 66-69. Trigrama del viento: páginas 58-61. Líneas mutantes: páginas 90-97.

51 ZHEN (CHEN)
EL DESPERTAR, PRUEBA DE ECUANIMIDAD
Atributos: golpe, sorpresa, respuesta a la provocación, acción, retos para la estructura

Este hexagrama comprende el trueno sobre el trueno, un sonido de explosión doble que provoca temor y alarma. Zhen sugiere una serie de eventos tan sorpresivos como el sonido ensordecedor e inesperado del trueno. Estos comprenden desde los desastres naturales hasta la quiebra, humillación, chisme, discusión e inclusive violencia.

Eventos tan molestos pueden ser constructivos si mostramos capacidad para enfrentar los retos que se nos imponen. Esto se reafirma por la asociación del trueno con la energía de la primavera, en el I Ching.

En consecuencia, al hacer una pausa y considerar los peligros que inadvertidamente hemos invitado a nuestras vidas, el golpe de Zhen nos incita hacia un nuevo comienzo y a una profunda conscientización de nuestro ser. Se puede lograr mucho si nos responsabilizamos de nuestros problemas y buscamos nuevas perspectivas.

Una vez que haya pasado este periodo, de adversidad y alarma, tenemos todas las posibilidades de encontrar nuestras vidas en un estado mucho más saludable. En tiempos como éste, debemos tener cuidado de no caer en los viejos hábitos de pensamiento. Así como el trueno de Zhen, nuestro poder puede duplicarse si aprovechamos esta oportunidad para aprender.

Línea	Lectura breve para la línea mutante	Nivel de auspicio
Línea 6	Manténgase calmado y centrado cuando enfrente la adversidad.	▲ Nadie tiene la culpa.
Línea 5	Se puede encontrar calma en medio de la amenaza constante.	★ Signo de buena suerte.
Línea 4	Este no es el momento de paralizarse en medio del peligro.	✚✚ Puede tener mala suerte.
Línea 3	Manténgase alerta en medio del caos y evitará lo peor.	✚ El arrepentimiento desaparecerá.
Línea 2	La pérdida es inevitable, pero temporal.	▲ Nadie tiene la culpa.
Línea 1	Una situación perturbadora puede ayudarlo a descubir lo mejor que hay en usted.	★ Signo de buena suerte.

Nivel general de auspicio: ★ Signo de buena suerte.

Trigrama del trueno: páginas 54-57. Líneas mutantes: páginas 90-97.

52 GEN (KEN)
QUEDARSE QUIETO, DESCANSO
Atributos: quietud, paz interior, límites, meditación

Este hexagrama comprende la montaña sobre la montaña. Esta doble quietud relacionada con el trigrama de la montaña, hace que Gen sea la imagen primordial de la calma en el I Ching. Como las montañas tradicionalmente se consideran lugares de retiro y meditación, este hexagrama nos dice que nos alejemos y cultivemos la paz interior.

El estado de meditación que se nos exige no es fácil de lograr para nosotros. Llegar a un punto donde nuestro corazón se encuentre tranquilo es extremadamente difícil y demanda gran persistencia y disciplina. La verdadera meditación requiere quietud interior y exterior, sólo se puede lograr a través de la calma, paciencia y persistencia.

A medida que aumenta la serenidad, podremos percibir el mundo con más claridad y objetividad, con nuestros ojos lejos del autoengaño y con una actitud de juicio generalizado.

Como todas las condiciones de la vida descritas en los hexagramas, Gen es sólo visto como uno de los estados transitorios entre muchos otros. Sin embargo, es la misma quietud de Gen la que nos permite adquirir la sabiduría y el alimento para nuestro espíritu, necesarios para pasar, de manera segura y calmada, por todas las circunstancias.

Línea	Lectura breve para la línea mutante	Nivel de auspicio
Línea 6	Ha alcanzado un nivel de la más pura tranquilidad.	★★ Signo de buen augurio.
Línea 5	Cuídese de la habladuría irresponsable o sus palabras se cargarán de mucho peso.	▲ Nadie tiene la culpa.
Línea 4	La duda y la agitación están siendo reemplazadas por la serenidad.	▲ Nadie tiene la culpa.
Línea 3	La calma interior debe ser cultivada y no impuesta a la fuerza.	✛ El arrepentimiento desaparecerá.
Línea 2	No siga adelante tentado por los deseos que no son dignos.	✛ El arrepentimiento desaparecerá.
Línea 1	Desarrolle paz interior y contemplación antes de actuar.	★★ Signo de buen augurio.

Nivel general de auspicio: ▲ Nadie tiene la culpa.

Trigrama de la montaña: páginas 70-73. Líneas mutantes: páginas 90-97.

53 JIAN (CHIEN)
PROGRESO GRADUAL, DESARROLLO

Atributos: crecimiento constante, maduración, paciencia, resultados duraderos, crecimiento para toda la vida

Este hexagrama comprende el viento sobre la montaña. El trigrama del viento también se relaciona con el elemento madera: Jian sugiere una imagen de unos árboles creciendo en la cima de una cumbre azotada por el viento. Para poder aguantar su exposición a los elementos, los árboles deben permanecer fuertes. Este tipo de estabilidad sólo se logra por medio del progreso lento y constante, igual como se consiguen los cambios duraderos en los asuntos humanos.

El I Ching utiliza la preparación de una pareja joven que se quiere casar como ejemplo de este tipo de progreso medido. Las formalidades pueden avanzar lentamente, pero si estimulan el desarrollo de la cooperación necesaria para todas las relaciones complejas, el tiempo debe ser considerado como bien empleado. Los mismos principios aplican cada vez que queremos influenciar a otros.

Jian nos advierte que el progreso rápido y forzado complicarán sus dificultades, mientras que la persistencia puede lograr grandes cosas. Si sigue este consejo, las relaciones de negocios como las sentimentales son favorables.

Línea	Lectura breve para la línea mutante	Nivel de auspicio
Línea 6	Una vida admirable es una inspiración para todos.	★★ Signo de buen augurio.
Línea 5	Una persona que lo había juzgado mal, está a punto de cambiar su forma de pensar.	★★ Signo de buen augurio.
Línea 4	Se encuentra en una situación incómoda pero debe adaptarse.	▲ Nadie tiene la culpa.
Línea 3	En una situación desfavorable, usted se debe defender pero no atacar.	✚ El arrepentimiento desaparecerá.
Línea 2	La seguridad y la buena suerte se debe compartir.	★★ Signo de buen augurio.
Línea 1	El éxito gradual se alcanza por medio de la cautela y diligencia.	★ Signo de buena suerte.

Nivel general de auspicio: ★ Signo de buena suerte.

Trigrama del viento: páginas 58-61. Trigrama de la montaña: páginas 70-73. Líneas mutantes: páginas 90-97.

54 GUI MEI (KUEI MEI)
LA NOVIA, INEXPERIENCIA

Atributos: la desilusión, carencia de sustancia, subordinación, perspectiva

Este hexagrama comprende el trueno sobre el lago. A pesar de la inmensa distancia que existe entre ellos, el agua se mueve por debajo de la ruidosa tormenta otoñal. Esto sugiere la tendencia de los inexpertos (el trigrama el lago representa la hija menor) que fácilmente pueden sentirse seducidos por individuos con los cuales tienen poca conexión genuina.

El I Ching trabaja sobre esta imagen que describe a una mujer joven que se ha casado intempestivamente. En la ausencia del amor genuino, que es la base de la unión verdadera, ella se encuentra en una posición subordinada y siente que no es valorada.

Se deben reconocer estos errores y tomar correctivos con mucho tacto para remediar el asunto. Salir corriendo provoca un fracaso doloroso.

Gui Mei nos recuerda que las malas interpretaciones y los errores en el juicio pueden ocurrir en toda clase de relaciones, en particular cuando actuamos según los impulsos y no los propósitos. El I Ching se refiere al sentido del flujo, según la corriente de vida interior y no por la influencia de otras personas.

Línea	Lectura breve para la línea mutante	Nivel de auspicio
Línea 6	La habladuría y los gestos que no son sinceros, no traen nada bueno.	✚ El arrepentimiento desaparecerá.
Línca 5	La riquezas son de menos valor que un corazón honrado.	★★ Signo de buen augurio.
Línea 4	Puede pasar algún tiempo antes de que se manifieste la recompensa.	✚✚ Puede tener mala suerte.
Línea 3	Los aspectos de sus esperanzas serán concedidos de maneras que usted no esperaba.	▲ Nadie tiene la culpa.
Línea 2	Las cosas probablemente no saldrán como se las esperaba, pero no todo está perdido.	★★ Signo de buen augurio.
Línea 1	Tendrá que disminuir sus expectativas, pero tendrá éxito.	★★ Signo de buen augurio.

Nivel general de auspicio: ✚✚ Puede tener mala suerte.

Trigrama del trueno: páginas 54-57. Trigrama del lago: páginas 74-77. Líneas mutantes: páginas 90-97.

55 FENG
ABUNDANCIA, OPORTUNIDAD
Atributos: logros mayores, efectividad, energía culminante, generosidad

Este hexagrama comprende el trueno sobre el fuego; representa el relámpago incandescente cayendo sobre la tierra durante una tormenta, el símbolo de un gran poder en acción. Como tal, Feng representa un periodo de grandes logros, abundancia y éxito.

Nuestra energía no será duradera e inevitablemente disminuirá su poder, como el Sol al mediodía empieza a descender. Esto no es motivo de pesar, pero debemos aprovechar al máximo este clima de triunfo para poner en orden los esquemas y estructuras que contribuirán hacia el cumplimiento de nuestras metas, una vez la situación cambie.

Feng nos aconseja tener cuidado con el exceso y la complacencia. Así como el líder sabio en el poder establece la justicia y el orden, nosotros no debemos dejar pasar las oportunidades por estar disfrutando nuestra gloria. Se requiere del manejo cuidadoso en todos los asuntos, así estemos rodeados de distracciones por el júbilo.

Tampoco debemos permitir que nuestro sentido de responsabilidad nos prive del placer durante este particular y favorable periodo, debemos participar en las celebraciones del festejo, porque se lo debemos a quienes nos han apoyado.

Línea	Lectura breve para la línea mutante	Nivel de auspicio
Línea 6	El egoísmo sólo puede ser el resultado del aislamiento y de la burla de lo que debe ser el éxito.	✚✚ Puede tener mala suerte.
Línea 5	Su posición puede ser mejorada considerablemente si sigue los consejos de aquellas personas en quienes confía.	★★ Signo de buen augurio.
Línea 4	Su creciente sabiduría e introspección dictarán su siguiente paso.	★★ Signo de buen augurio.
Línea 3	Los eventos están conspirando para que la acción no se realice.	▲ Nadie tiene la culpa.
Línea 2	En un ambiente de sospecha y celos, la paciencia es su mejor arma.	★★ Signo de buen augurio.
Línea 1	Una sociedad no competitiva beneficiará ambos grupos.	▲ Nadie tiene la culpa.

Nivel general de auspicio: ★ Signo de buena suerte.

Trigrama del trueno: páginas 54-57. Trigrama del fuego: páginas 66-69. Líneas mutantes: páginas 90-97.

56 LU

EL ERRANTE, TRANSICIÓN

Atributos: la no permanencia, viaje, movimiento, separación, búsqueda, desconocidos

Comprende el fuego sobre la montaña, lo que sugiere un incendio en la cima. Las llamas rápidamente consumen todo y se ven obligadas a cambiar su rumbo. La relación entre los dos trigramas representa la transición. Esta imagen muestra la necesidad que a veces nos impulsa a seguir en movimiento, buscando algo que no hemos podido encontrar en el hogar. Por eso, Lu representa el hexagrama de aquel que busca.

La inquietud muchas veces es el resultado de nuestra necesidad de encontrar una nueva chispa, pero en su búsqueda debemos tener cuidado con los peligros que yacen en ella. Debemos adaptarnos a lugares y costumbres desconocidos con mucho cuidado y respeto. Evitando los aires de la presunción y la pretensión, nos estamos protegiendo de la humillación.

Aunque el viajar previene el estancamiento, debemos estar conscientes de que al estar permanentemente en movimiento, disminuimos nuestra capacidad de dejar una influencia permanente en el mundo. Esta clase de logros muchas veces requieren riesgos que son asumidos de mejor manera desde un lugar que ofrece fortaleza y estabilidad.

Línea	Lectura breve para la línea mutante	Nivel de auspicio
Línea 6	Si usted maneja las situaciones superficialmente, sentirá remordimiento más tarde.	✚✚ Puede tener mala suerte.
Línea 5	Necesitará encontrar otro método para persuadir a aquellos de quienes necesita un favor.	✚✚ Puede tener mala suerte.
Línea 4	La inseguridad de su situación comienza a agotarlo.	✚ El arrepentimiento desaparecerá.
Línea 3	Una actitud impertinente y altiva puede alejar las pocas personas que en el momento se encuentran apoyándolo.	✚✚✚ Tenga cuidado, es una advertencia
Línea 2	Una actitud callada y sobria le traerá una amistad de gran significado.	★★ Signo de buen augurio.
Línea 1	Abusar de los valores de las otras personas sólo le traerá mala suerte.	✚✚ El arrepentimiento desaparecerá.

Nivel general de auspicio: ★★ Signo de buen augurio.

Trigrama del fuego: páginas 66-69. Trigrama de la montaña: páginas 70-73. Líneas mutantes: páginas 90-97.

57 XUN (SUN)
LO QUE PENETRA, EL GENTIL

Atributos: persistencia, paciencia, repetición, persuasión, proceder con humildad

Este hexagrama comprende el aire sobre el aire. Si el viento cambia constantemente, puede no tener un efecto grande, pero cuando aplica su influencia de manera consistente desde una dirección determinada, con el tiempo, se destacará como una fuerza respetable.

Las ambiciones agresivas y violentas muchas veces provocan cambios dramáticos, pero también fortalecen la oposición. Si deseamos conseguir un cambio permanente, se nos aconseja imitar la labor gentil pero incesante del viento.

El viento se adapta a las formas y naturalezas de los obstáculos con los que se encuentra sin interrumpir su insistencia sutil. De similar manera, un carácter flexible nos traerá amistades en nuestros quehaceres. Sin embargo, se requiere de equilibrio. Una complacencia excesiva debilitará nuestra confianza y respeto por las demás personas. No se puede avanzar desde una posición agachada.

Xun nos dice que la manera de conseguir un apoyo permanente para nuestras ideas, reside en la paciente repetición y explicación. No podemos esperar alcanzar nuestras metas si éstas no han penetrado los corazones y mentes de otras personas, ni poner en acción las instrucciones si éstas no han sido bien comprendidas.

Línea	Lectura breve para la línea mutante	Nivel de auspicio
Línea 6	Debe resistir la tentación de descansar mientras el peligro exista.	✚ El arrepentimiento desaparecerá.
Línea 5	Debe reflexionar sobre un asunto antes y después de tratarlo.	★ Signo de buena suerte.
Línea 4	Su empresa debe satisfacer sus necesidades espirituales, sociales y personales.	▲ Nadie tiene la culpa.
Línea 3	El fracaso es inminente si se pospone la acción.	✚ El arrepentimiento desaparecerá.
Línea 2	Para ganar y para prevenir la oposición secreta se requiere de introspección.	▲ Nadie tiene la culpa.
Línea 1	La disciplina rígida lo ayudará a combatir la indecisión.	★ Signo de buena suerte.

Nivel general de auspicio: ★ Signo de buena suerte.

Trigrama del viento: páginas 58-61. Líneas mutantes: páginas 90-97.

58 DUI
ALEGRÍA, PLACER

Atributos: gloria, felicidad compartida, comunicación, ser abierto, eliminación de la ansiedad

Este hexagrama comprende el lago sobre el lago, y sugiere un lago en una posición alta compartiendo sus aguas con un lago que se encuentra en una posición más baja, evitando ser secado por culpa de la evaporación. De manera similar, el conocimiento y la sabiduría son incrementados cuando se comparten entre toda la comunidad.

El trigrama del lago simboliza la alegría que surge de un sentido de estabilidad. La influencia de este trigrama, que se encuentra doble en Dui, representa el júbilo contagioso en donde la belleza y la celebración reinan cuando la naturaleza ofrece su cosecha.

El I Ching nos recuerda que no debemos permitir que esta exhuberancia se convierta en una rebeldía incontrolable, ni permitir que la asociación del trigrama con la conversación, la cual la tiene de manera doble, se convierta en excesiva, chismosa ni argumentativa como suelen ser las conversaciones en las reuniones. El énfasis de las conversaciones se debe hacer en una buena voluntad, buen humor y sabiduría. Sugiere una carrera profesional relacionada con hablar en público.

Dui nos recuerda que todo lo que hagamos en la vida nos ofrece una oportunidad para aprender y luego poder compartir los frutos de nuestros esfuerzos. Por ello, cada labor que hagamos, debe ser hecha con placer.

Línea	Lectura breve para la línea mutante	Nivel de auspicio
Línea 6	Se ha alcanzado el éxito pero debemos cuidarnos de tanta gloria.	★ Signo de buena suerte.
Línea 5	La confianza equivocada pone en peligro nuestras metas.	✚ El arrepentimiento desaparecerá.
Línea 4	Ajustar sus valores de acuerdo con su naturaleza espiritual trae paz.	★ Signo de buena suerte.
Línea 3	Ostentar lujos durante las celebraciones le hará perder el terreno.	✚✚ Puede tener mala suerte.
Línea 2	Su integridad personal lo cuida de no tener templanza.	★★ Signo de buen augurio.
Línea 1	Ha alcanzado un lugar de verdadera satisfacción.	★★ Signo de buen augurio.

Nivel general de auspicio: ★★ Signo de buen augurio.

Trigrama del lago: páginas 74-77. Líneas mutantes: páginas 90-97.

59 HUAN
DISPERSIÓN, DISOLUCIÓN
Atributos: la disolución de bloqueos, resolución de conflictos, restauración de la unidad

Este hexagrama comprende el viento sobre el agua. Las dos fuerzas no están integradas, lo que sugiere un elemento de desunión, pero aunque el viento no puede penetrarla, sus efectos pueden verse en las ondulaciones y olas sobre la superficie. Así colabora removiendo las hojas y ramas acumuladas en la superficie.

Las comunidades y los individuos pasan por un periodo de estancamiento y rigidez en cuanto a la forma de pensar. Huan representa la necesidad de dispersar tales obstáculos para el progreso, resaltando que a veces esto conlleva a un período de caos. Para vencer obstáculos mayores, el viento debe provocar poderosas olas. Una vez se liberen, éstas pueden convertirse en una temible fuerza de destrucción, y Huan nos alerta sobre la posibilidad de perdernos en la confusión.

El viento y el elemento madera están relacionados en el I Ching. A través de la imagen de la madera en el agua, Huan también nos hace ver los botes que permiten que los individuos, que se encuentran separados, vuelvan a reunirse. Con respecto a la adivinación, puede indicar una nueva aventura, un viaje o un cambio de casa o carrera.

Línea	Lectura breve para la línea mutante	Nivel de auspicio
Línea 6	Tome las precauciones necesarias para prevenir que el peligro lo afecte a usted y a sus seres queridos.	▲ Nadie tiene la culpa.
Línea 5	En medio de una crisis, de repente aparece una solución.	▲ Nadie tiene la culpa.
Línea 4	Los asuntos personales se dejan a un lado por el beneficio mutuo.	★★★ Excelente augurio.
Línea 3	La actual labor le exige anteponer el trabajo a sus intereses personales.	▲ Nadie tiene la culpa.
Línea 2	Su calma interior lo ayudará en sus problemas.	▲ Nadie tiene la culpa.
Línea 1	Las malas interpretaciones deben ser corregidas tan pronto las vea.	★★ Signo de buen augurio.

Nivel general de auspicio: ★ Signo de buena suerte.

Trigrama del viento: páginas 58-61. Trigrama del agua: páginas 62-65. Líneas mutantes: páginas 90-97.

60 JIE (CHIEH)
LIMITACIÓN, MODERACIÓN
Atributos: autolimitación, restricciones necesarias, disciplina, equilibrio

Este hexagrama comprende el agua sobre el lago, lo que indica que la lluvia cae sobre él. Si la lluvia es insuficiente, el lago se secará; si llueve demasiado, puede causar estragos por las inundaciones. Por eso Jie es el hexagrama de la moderación y la aplicación de los límites sensatos.

Así como existe mucha más agua en el mundo de la que cualquier lago podría contener, son infinitas las riquezas y complejidades de la vida mientras que nosotros somos como embarcaciones limitadas. Si un lago recibiera agua de manera ilimitada, ya no sería un lago, y si nosotros absorbemos más de lo que la vida nos permite en cuanto a nuestra constitución, seguramente perderíamos nuestra identidad. El conocimiento sobre nuestros límites nos permite evitar los peligros de las extravagancias.

Es fácil ver que la autolimitación nos prepara para las penalidades; lo que economicemos hoy, nos asegura una oportunidad mañana. Debemos ser cuidadosos de permitir que la moderación se convierta en ascetismo. Regulaciones severas y provocan rebelión y la declinación de la prosperidad. Jie nos recuerda que las mismas limitaciones tienen límites y que debemos encontrar nuestro "camino medio" en la vida.

Línea	Lectura breve para la línea mutante	Nivel de auspicio
Línea 6	Querer reforzar reglas que ya son demasiado rígidas causará problemas.	✚ El arrepentimiento desaparecerá.
Línea 5	Trabajar con objetivos y responsabilidades compartidos tendrá éxito.	★★ Signo de buen augurio.
Línea 4	Trabajar dentro del conocimiento de sus límites es el camino correcto.	★★ Signo de buen augurio.
Línea 3	La extravagancia y la autocompasión no resolverán nada.	▲ Nadie tiene la culpa.
Línea 2	Encontrará problemas a menos que descubra el momento adecuado para actuar.	✚ El arrepentimiento desaparecerá.
Línea 1	Confíe en usted para saber cuándo actuar y cuándo ser paciente.	▲ Nadie tiene la culpa.

Nivel general de auspicio: ★ Signo de buena suerte.

Trigrama del agua: páginas 62-65. Trigrama del lago: páginas 74-77. Líneas mutantes: páginas 90-97.

61 ZHONG FU (CHUNG FU)
VERDAD INTERIOR, SINCERIDAD
Atributos: *compasión, voluntad de crecer, desarrollo espiritual, transformación*

Este hexagrama comprende el viento sobre el lago, indicando un baile de las ondulaciones sobre la superficie mientras que una leve brisa juega sobre ellas. Como lo invisible se convierte en visible por las ondulaciones, así se podría percibir la existencia espiritual, a través de las acciones de aquellos a quienes toca.

La forma del hexagrama indica tanto un corazón abierto (el pequeño espacio creado por las líneas centrales de yin en la forma que usualmente suele ser sólida) como el encuentro de los labios que van a dar un beso (los trigramas que se reflejan). Ambas imágenes refuerzan la recomendación de Zhong Fu de ofrecer nuestros esfuerzos para hacernos más receptivos a la compasión universal y a las verdades espirituales que trascienden las diferencias individuales y culturales.

La generosidad y la comprensión crean más voluntad en las personas para seguir que la fuerza o la intimidación, pero su efectividad requiere la más grande sinceridad y no glorificarse en el ego.

Línea	Lectura breve para la línea mutante	Nivel de auspicio
Línea 6	Las solas palabras pueden inspirar la acción, pero no consiguen resultados por sí solas.	✚ El arrepentimiento desaparecerá.
Línea 5	Usted debe convertirse en la referencia para un proyecto de grupo.	▲ Nadie tiene la culpa.
Línea 4	El progreso es posible cuando el grupo está unido por la confianza.	▲ Nadie tiene la culpa.
Línea 3	La calma interior es necesaria para contrarrestar el flujo emocional de la vida social.	✚ El arrepentimiento desaparecerá.
Línea 2	Será de gran beneficio para usted buscar la compañía de gente con espíritu alegre.	★★ Signo de buen augurio.
Línea 1	Un sentido de tranquilidad sí es posible cuando se carece de esquemas inquietantes.	★★ Signo de buen augurio.

Nivel general de auspicio: ★ Signo de buena suerte.

Trigrama del viento: páginas 58-61. Trigrama del lago: páginas 74-77. Líneas mutantes: páginas 90-97.

62 XIAO GUO (HSAIO KUO)
LA PREPONDERANCIA DE LO PEQUEÑO, HUMILDAD

Atributos: prestar atención a los detalles, ajustes diminutos, modestia, adaptación a las circunstancias

Este hexagrama comprende el trueno sobre la montaña. Mientras que la cima de la montaña aparenta estar muy cerca de la fuente del trueno, la calma que le pertenece a la cima de la tierra no permite que se acerque más. A medida que el eco del trueno gradualmente disminuye, pareciera como si recordara a la montaña entenderse con los asuntos mundanos en vez de exaltarse.

La forma del hexagrama también indica la forma de un pájaro con sus alas extendidas, listas para alzar vuelo, pero Xiao Guo aconseja al pájaro, que mientras los truenos rugen no es el mejor momento para emprender el vuelo. Asimismo, el hexagrama nos informa que llegó el tiempo propicio para atender los deberes humildes y no los planes grandiosos.

En este clima, encontraremos dificultad para hacer avances significativos, y las oportunidades pueden perderse a pesar de nuestro gran esfuerzo. Es mejor mantener un perfil bajo y concentrarse en los retos pequeños.

Sin embargo, tampoco debemos abandonar la ambición y el propósito. La negación o la humildad excesiva puede pasar a ser crueldad y falta de respeto hacia otros.

Línea	Lectura breve para la línea mutante	Nivel de auspicio
Línea 6	No se consigue nada tratando de pasar los límites de la seguridad.	✚✚ Puede tener mala suerte.
Línea 5	A pesar de las apariencias, el éxito aún se puede alcanzar.	✚ El arrepentimiento desaparecerá.
Línea 4	Se requiere de alerta interior y calma exterior.	▲ Nadie tiene la culpa.
Línea 3	Se aproxima el peligro de una fuente inesperada.	✚✚ Puede tener mala suerte.
Línea 2	Se aconseja la autocontención y la modestia en las interacciones sociales.	▲ Nadie tiene la culpa.
Línea 1	Su sentido para aventurar lo puede llevar al desastre.	✚✚ Puede tener mala suerte.

Nivel general de auspicio: ★ Signo de buena suerte.

Trigrama del trueno: páginas 54-57. Trigrama de la montaña: páginas 70-73. Líneas mutantes: páginas 90-97.

63 JI JI (CHI CHI)
TRAS LA CONSUMACIÓN, EL RÍO CRUZADO
Atributos: consumación, éxito bien merecido, detalles finales, consolidación

Este hexagrama comprende el agua sobre el fuego, lo que indica una tetera suspendida sobre el fuego. Al contrario del hexagrama 64 (donde los trigramas son opuestos), aquí los dos se combinan para producir un efecto deseado.

Mientras Ji Ji simboliza la victoria, nos recuerda que la vigilancia todavía es requerida para comprobar que nuestras ganancias están firmemente establecidas. Si el agua de la tetera es descuidada, puede hervir demasiado, regarse y extinguir el fuego; si el fuego es desatendido, puede producir demasiado calor y hacer que el agua de la tetera se evapore. El equilibrio y la armonía siempre son frágiles.

Ji Ji enfatiza la necesidad de un periodo de consolidación si queremos seguir disfrutando del éxito. En este momento no debemos exagerar en la celebración. Debemos concentrarnos en perfeccionar la situación y cuidarnos de los reveses.

Se nos aconseja no comprometernos en otro negocio ambicioso inmediatamente, nuestra euforia inicial podría convertirse en cansancio y los esquemas que comenzaron bien pueden tener un final mediocre.

Línea	Lectura breve para la línea mutante	Nivel de auspicio
Línea 6	Habiendo escapado de un lugar peligroso, sería muy tonto regresar.	+++ Tenga cuidado, es una advertencia
Línea 5	La sinceridad triunfa sobre la ostentación.	★ Signo de buena suerte.
Línea 4	Acuérdese siempre que todas las cosas, triunfos y fracasos, deben pasar.	+ El arrepentimiento desaparecerá.
Línea 3	Una vez se haya logrado el progreso, no permita que la confianza mal interpretada opaque el triunfo.	+ El arrepentimiento desaparecerá.
Línea 2	Siga adelante en vez de detenerse para prevenir pérdidas pequeñas.	▲ Nadie tiene la culpa.
Línea 1	Un comienzo impulsivo debe ser calmado con juicio.	▲ Nadie tiene la culpa.

Nivel general de auspicio: ★ Signo de buena suerte.

Trigrama del agua: páginas 62-65. Trigrama del fuego: páginas 66-69. Líneas mutantes: páginas 90-97.

64 WEI JI (WEI CHI)
ANTES DE LA CONSUMACIÓN, EL RÍO QUE AÚN NO SE HA CRUZADO

Atributos: consumación incompleta, esfuerzo continuado, transición, preparación para la acción, acercamiento al éxito

Comprende el fuego sobre el agua. La forma del hexagrama (dos trigramas opuestos y una alternancia de las líneas yin y yang) sugiere el orden, pero el fuego que asciende y el agua que baja no tienen ningún efecto entre sí. Opuesto al hexagrama 63, éste muestra una empresa a punto de culminar pero que aún requiere mucho trabajo.

En tiempos como éste, podemos arruinar nuestro trabajo queriendo llegar al final demasiado rápido sin ultimar los detalles o resolver posibles conflictos. La frustración puede provocar falta de acción, debemos cuidarnos.

El I Ching nos ofrece la imagen de un zorro joven que trata de cruzar un arroyo congelado. En su afán por alcanzar la otra orilla, apresura sus últimos pasos, haciendo que su cola caiga al agua helada. No debemos cometer el mismo error y permitir que una aparente victoria termine en un fracaso vergonzoso.

El periodo de transición al final de un proyecto es un momento peligroso, pero Wei Ji sugiere que con deliberación, paciencia y cautela el éxito está a nuestro alcance.

Línea	Lectura breve para la línea mutante	Nivel de auspicio
Línea 6	Disfrute de la expectativa del éxito que está por llegar sin caer en la indulgencia.	▲ Nadie tiene la culpa.
Línea 5	Se ha logrado un éxito mayor, por el cual es admirado.	★★ Signo de buen augurio.
Línea 4	Un empuje final contra su oponenete es necesario antes de que la victoria sea suya.	★★ Signo de buen augurio.
Línea 3	No trate de combatir a su oponente en el campo de batalla escogido por él.	✚ El arrepentimiento desaparecerá.
Línea 2	A pesar de que el éxito está a su alcance, se requiere esperar.	★★ Signo de buen augurio.
Línea 1	No permita que el éxito se le escape por la acción impulsiva.	▲ Nadie tiene la culpa.

Nivel general de auspicio: ▲ Nadie tiene la culpa.

Trigrama del fuego: páginas 66-69. Trigrama del agua: páginas 62-65. Líneas mutantes: páginas 90-97.

SUS REFLEXIONES SOBRE EL I CHING

Como se habrá dado cuenta en la lectura de los hexagramas, el I Ching le puede proporcionar mucha sabiduría a su vida. La lista que veremos a continuación ofrece una frase sabia para cada hexagrama, respectivamente enumerado. Tome el tiempo necesario para pensar y meditar sobre cada uno.

Puede regresar a la explicación de cada hexagrama ofrecida en este capítulo y reflexionar sobre si su contenido puede contribuir al entendimiento de su propia vida y a la dirección que ésta tome. Escriba sus opiniones en su diario del I Ching y léalo cada vez que consulte el I Ching con una pregunta nueva.

1. "Usted debe ser persistente y determinado en maneras virtuosas".
2. "Usted no sólo debe ser sumiso y atento a la voluntad celestial, sino permanecer honesto consigo mismo".
3. "Debe ser paciente durante un periodo difícil".
4. "El estudiante debe buscar un maestro sabio y ser sincero en lo que quiere aprender".
5. "Coopere con paciencia y tiempo. Vivir en la expectativa anhelante, atrae lo mejor de usted".
6. "Desconfiar de la naturaleza de las cosas con toda seguridad nos llevará de un conflicto a otro. Cultive la lealtad en la armonía".
7. "Sin disciplina, el verdadero liderazgo no puede existir. Pero esta disciplina no se puede imponer. Abrazar a las personas es alimentar las cinco virtudes: benevolencia, justicia, cortesía, sabiduría, conocimiento y honestidad".
8. "Donde existe la confianza y el apoyo mutuo, habrá éxito".
9. "Antes de poder progresar, muchas veces se nos pide tomar un tiempo de descanso para recoger energías".
10. "Permita que su sendero sea guiado por la cortesía y la compostura".
11. "La buena suerte se da cuando se tiene actitud equilibrada y sintonía con los poderes superiores de la vida".

12. "A medida que vamos llegando al fondo de la mala suerte, los asuntos comienzan a cambiar en sentido opuesto".

13. "La cooperación, el respeto mutuo y los valores compartidos, nos fortalecen".

14. "Al ser modestos y generosos, permitimos que la abundancia se exprese con gracia y control".

15. "La humildad es la manera de desarrollar su espíritu sin límite".

16. "Debemos valorar las ceremonias sagradas que nos proporcionan alivio y motivación por medio de la alegría, esperanza y celebración".

17. "Debemos aprender bien los caminos del liderazgo y del servicio de igual manera".

18. "Debemos enfrentar los problemas de nuestro pasado para que el verdadero progreso sea posible".

19. "Progresamos con seguridad una vez reconocemos y tomamos ventaja de los tiempos óptimos para el crecimiento".

20. "Siempre debemos permanecer alerta mientras estamos en el proceso del autoreconocimiento como parte del todo".

21. "La armonía se amplía cuando la ley humana gobierna justamente".

22. "Su buena suerte se incrementará en este momento si se concentra en traer gracia a sus pensamientos y acciones".

23. "Cuando las situaciones han llegado a su peor momento, inevitablemente mejorarán".

24. "El ciclo de la existencia se mueve firmemente hacia un futuro mejor, así que no debemos forzar las cosas".

25. "Nosotros nos beneficiamos de la sintonía de nuestras actitudes y motivaciones con el devenir natural de la vida".

26. "La preparación y acumulación de recursos incrementará la riqueza y ampliará el horizonte".

27. "Debemos trabajar por conseguir la discreción y la sabiduría con cada comida y cada palabra que cruza nuestros labios".

28. "A medida que la presión se acumula, debemos actuar antes de que acontezca un desastre".

29. "Si se enfrenta correctamente, el peligro nos ayuda a desarrollar nuestra fuerza interior".

30. "La iluminación nos pide permitir que la verdad alumbre el interior más profundo de nuestro ser".

31. "La buena suerte se consigue cuando la afinidad natural es enriquecida por el apoyo mutuo".

32. "Donde existe la sinceridad y generosidad, la unión y el éxito perdurará".

33. "A veces el retiro es una táctica más sabia y de más valor que la confrontación".

34. "A medida que nos fortalecemos, es esencial recordar que la verdadera generosidad depende de la armonía que se tiene con lo correcto".

35. "El progreso genuino puede ser determinado en la capacidad de alejarnos de las influencias inferiores".

36. "En tiempos de oscuridad, muchas veces nos vemos forzados a esconder nuestra luz para poder preservarla".

37. "Así como lo hacen las familias más felices, debemos unirnos en el afecto, respeto y la inspiración mutua".

38. "Cuando los opuestos se reconcilian, se logra la gran oportunidad".

39. "Cuando el peligro acecha en la parte exterior, debemos encontrar la paz y estabilidad que hay dentro de nosotros".

40. "Nos alejamos del peligro más rápidamente si nos deshacemos de la carga del resentimiento".

41. "Cuando no dependamos de la riqueza material y tengamos el don de compartir de corazón, la buena suerte prevalecerá".

42. "Cuando el crecimiento material y el mejoramiento interior actúan unidos, se multiplican sus potenciales".

43. "Anticipando y preparándose para la confrontación, podremos resolver el asunto a nuestra manera".

44. "La vigilancia es necesaria para percibir las influencias negativas que se están acumulando y así evitar que éstas se vuelvan más fuertes".

45. "Las comunidades logran la prosperidad actuando en armonía".

46. "Cuando llegue el momento oportuno para la expansión, la manera de alcanzar el progreso es por medio de la persistencia libre de presiones".

47. "Las desgracias más extremas repartirán las semillas de la regeneración a aquellos con la fuerza de buscarlas".
48. "El espíritu debe ser alimentado de una fuente que se encuentra debajo de la superficie de la vida".
49. "La innovación y el cambio radical son posibles una vez nos hayamos preparado para deshacernos de la duda y el temor".
50. "Nuestras vidas tendrán equilibrio cuando los aspectos interiores y exteriores estén en perfecto orden".
51. "Usualmente el grito de alarma es seguido por la risa del alivio".
52. "Por medio de la disciplina y la calma, podremos dominar la mente y el cuerpo".
53. "Entre los ingredientes más esenciales de la comprensión mutua, las relaciones armoniosas y el cambio permanente se encuentran el tiempo y la paciencia".
54. "Al tener en cuenta que nuestras vidas son finitas, nos irá mejor si nos concentramos en alcanzar metas reales".
55. "Una persona sabia sabe cómo obtener el máximo provecho de la prosperidad".
56. "A veces, para poder ver el mundo con claridad, debemos comportarnos como unos ajenos a él".
57. "Proceder con una persistencia sutil es la manera más efectiva para influir en los eventos".
58. "La satisfacción y la alegría nos inspiran para lograr cosas más grandes".
59. "A veces debemos reunir olas devastadoras para erosionar las barreras y lograr la unión".
60. "La moderación es sabia en todo, inclusive en la moderación".
61. "La fuerza más poderosa proviene de la confianza y la compasión".
62. "Cuando resolvemos pequeños detalles, estamos creando la base para el éxito futuro".
63. "Aun después de haber logrado la victoria, el equilibrio debe mantenerse".
64. "La arrogancia y la falta de atención, con toda seguridad nos llevará del triunfo al desastre".

CAPÍTULO SIETE

NUESTRA INTERACCIÓN CON LO ESPIRITUAL

Cómo seguir desarrollando su habilidad. Descubra su número ming gua.

El I Ching es un libro de adivinación que nos da información sobre el presente y el futuro. Sin embargo, en varias filosofías chinas se cree que nuestra fe puede ser fortalecida si le prestamos atención a nuestro número ming gua y a las direcciones asociadas.

El ming gua es una forma de lo que comúnmente se llama la astrología china. Todas las formas de la astrología china son mejor denominadas como sabidurías, porque examinan las relaciones de los cinco elementos, los ocho trigramas y el equilibrio entre el yin y el yang, y no el movimiento de las constelaciones.

Una lectura del ming gua incluye:

- Emplear cálculos para determinar el número ming gua de una persona, teniendo en cuenta su sexo y fecha de nacimiento y si nacieron en el hemisferio norte o sur.
- Encontrar sus cuatro "direcciones de suerte", también conocidas como ji wei.
- Localizar las orientaciones ideales para la persona, especialmente el sueño de buena suerte y las direcciones para sentarse.

Saber su número del ming gua y las direcciones puede ayudar a determinar la fuerza de su fe o "la suerte divina". De acuerdo a las antiguas creencias chinas, existen tres tipos de suerte. Aparte de la suerte divina, existe la suerte de la tierra y la suerte que usted mismo crea, como sus virtudes, pensamientos, buenas labores y educación. La suerte de la tierra puede ser calculada para la persona en un momento dado, juzgando qué tan conectada está la persona con las corrientes de energía, o qi, en su alrededor.

La suerte divina proviene del flujo de qi que existía desde los tiempos en que nos encontrábamos en el vientre y desde que respiramos por primera vez. La naturaleza de qi que se encuentra alrededor de nosotros, por consiguiente, tiene mucha influencia, ya que hemos absorbido esta vibración en nuestros cuerpos y almas. Cuando alcazamos la armonía de la energía con nuestro flujo de qi natal, las cosas en nuestra vida parecen funcionar mejor. Por eso es tan importante encontrar la armonía de nuestro cuerpo y nuestra fuerza de vida con estas corrientes.

Una vez que haya calculado su número ming gua, se dará cuenta de que pertenece a unos de estos dos grupos: el grupo de vida oriental o el grupo de vida occidental. Cada grupo corresponde a un particular tipo de energía —yin o yang— y tiene un juego particular de direcciones del compás y trigramas.

Una vez haya calculado el ming gua, puede orientar hacia estas direcciones de la buena suerte algunos sectores de su alcoba, las mesas u otros objetos. Entre más estemos sentados frente a las direcciones que se encuentran alineadas con nuestras vibraciones personales, mejor saldrán las cosas para nosotros, sea relacionado con la preservación de relaciones personales, carreras, finanzas, salud o nuestra habilidad para estudiar bien y tomar decisiones sabias.

CÓMO CALCULAR SU NÚMERO MING GUA

El ming gua se calcula de acuerdo al año de nacimiento. Este número indica la energía, trigrama, elemento y otros aspectos que eran predominantes durante ese año para los hombres y las mujeres. Este número cambia todos los años. A medida que un año pasa, los números y las energías se transforman. Para los hombres, estos números descienden porque los meridianos del yang bajan en forma espiral, y para las mujeres, ascienden porque los meridianos del yin suben en forma espiral.

Cada nueve años, se repite el ciclo del nueve. Acuérdese que el año chino comienza en febrero 4 en el hemisferio norte y en agosto 7 en el hemisferio sur.

Las siguientes fórmulas funcionan para todos los años de nacimiento a partir de 1901.

El año solar comienza		Género	Número de siglo, 1900–1999	Número de siglo, 2000–2099
Hemisferio	Agosto 7	Masculino	4	5
sur		Femenino	0	1
Hemisferio	Febrero 5	Masculino	0	1
norte		Femenino	4	7

CÁLCULO

- Determine el año de nacimiento (basado en la fecha del comienzo del año solar).
- Adicione el número del siglo (de acuerdo al cuadro de arriba) a los dos últimos dígitos del año.
- Continúe sumando los dígitos individuales hasta que haya obtenido un solo número.
- Para el sexo femenino, el resultado es el número ming gua.
- Para el sexo masculino, reste al número 10 el resultado, para obtener el número.
- Si el número ming gua es cinco, asigne un número ming gua 8 para las mujeres y 2 para los hombres para calcular las direcciones de la suerte.

Nota: el año del hemisferio norte comienza en febrero 5; el año en el hemisferio sur comienza en agosto 7. La persona que haya nacido antes de estas fechas debe utilizar la fecha del año anterior.

EJEMPLOS PARA HOMBRES NACIDOS ENTRE 1900-1999

Para un hombre nacido en el hemisferio sur, noviembre 1970

- 70+4=74 (año solar + número de siglo)
- 7+4=11, 1+1=2 (sume los dígitos individuales)
- 10-2 =8 (reste al número 10 el resultado)

Para un hombre nacido en el hemisferio sur, agosto 1, 1968

- 67+4=71 (el año solar ajustado es 1967 + el número del siglo)
- 7+1=8 (sume los dígitos individuales)
- 10-2=8 (reste al número 10 el resultado)

Para un hombre nacido en el hemisferio norte, enero 1941

- 40+0=40 (el año solar ajustado es 1940 + el número del siglo)

- 4+0=4 (sume los dígitos individuales)
- 10-4=8 (reste al número 10 el resultado)

Para un hombre nacido en el hemisferio norte, diciembre 1977

- 77 + 0 = 77 (año solar + número de siglo)
- 7 + 7 = 14, 1 + 4 = 5 (sume los dígitos individuales)
- 10 – 5 = 5 (reste al número 10 el resultado)
- 5 = 2 (si el resultado es 5, asigne el número ming gua 2 para los hombres)

EJEMPOS DE HOMBRES NACIDOS ENTRE 2000-2099

Para un hombre nacido en el hemisferio sur, noviembre 2000

- 00 + 5 = 5 (año solar + número de siglo)
- 10 – 5 = 5 (reste al número 10 el resultado)
- 5 = 2 (si el resultado es 5, asigne un número ming gua 2 para hombres)

Para un hombre nacido en el hemisferio sur, abril 2011

- 10 + 5 = 15 (año solar ajustado 2010 + número de siglo)
- 1 + 5 = 6 (sume los dígitos individuales)
- 10 – 6 = 4 (reste al número 10 el resultado)

Para un hombre nacido en el hemisferio norte, enero 2002

- 01 + 1 = 2 (el año solar ajustado es 2001 + el número del siglo)
- 10 – 2 = 8 (reste al número 10 el resultado)

Para un hombre nacido en el hemisferio norte, febrero 2011

- 11 + 1 = 12 (año solar + número de siglo)
- 1 + 2 = 3 (sume los dígitos individuales)
- 10 – 3 = 7 (reste al número 10 el resultado)

EJEMPLOS DE MUJERES NACIDAS ENTRE 1900-1999

Para una mujer nacida en el hemisferio norte, junio 1965

- 64+0=64 (el año solar ajustado es 1964 + el número del siglo)
- 6+4= 10, 1+0 = 1 (sume los dígitos individuales)

Para una mujer nacida en el hemisferio sur, agosto 10, 1999

- 99+0=99 (año solar + número de siglo)

- 9+9=18, 1+8=9 (sume los dígitos individuales)

Para una mujer nacida en el hemisferio norte, enero 1983
- 82 + 4 = 86 (el año solar ajustado es 1982 + el número del siglo)
- 6 + 4 = 10, 1 + 0 = 1 (sume los dígitos individuales)

Para una mujer nacida en el hemisferio norte, mayo 1932
- 32 + 4 = 36 (año solar + número de siglo)
- 3 + 6 = 9 (sume los dígitos individuales)

EJEMPLOS DE MUJERES NACIDAS ENTRE 2000-2099

Para una mujer nacida en el hemisferio sur, agosto 10, 2001
- 01 + 1 = 2 (año solar + número de siglo)

Para una mujer nacida en el hemisferio sur, enero 2013
- 12 + 1 = 13 (el año solar ajustado es 2012 + número de siglo)
- 1 + 3 = 4 (sume los dígitos individuales)

Para una mujer nacida en el hemisferio norte, octubre 2000
- 00 + 7 = 7 (año solar + número de siglo)

Para una mujer nacida en el hemisferio norte, enero 2013
- 12 + 7 = 19 (el año solar ajustado es 2012 + número de siglo)
- 1 + 9= 10, 1 + 0 = 1 (sume los dígitos individuales)

CÓMO EMPLEAR SU NÚMERO DE SUERTE MING GUA

Una vez haya establecido su número ming gua, puede determinar su grupo de dirección de suerte, elemento regente y trigrama de la suerte de acuerdo al cuadro en la página 183 para localizar sus direcciones de la suerte. Si usted es un 5, pertenece al grupo de vida occidental.

Ejemplo: un hombre nacido en abril 1958, hemisferio norte
Siga los cálculos de acuerdo a la página 183. Su número ming gua es el 6. Examine el cuadro del hemisferio norte en la página 183. El número 6 corresponde al grupo de vida occidental. Si usted hace parte de este grupo, oriéntese hacia el noroeste, oeste, suroeste o noroeste cuando duerma o se siente en su oficina.

HEMISFERIO NORTE

GRUPO DE VIDA ORIENTAL: Yang				**GRUPO DE VIDA OCCIDENTAL:** Yin			
Número ming gua	**Nombre del trigrama**	**Dirección**	**Elemento**	**Número ming gua**	**Nombre de trigrama**	**Dirección**	**Elemento**
1	Agua	N	Agua	2	Tierra	SO	Tierra
3	Trueno	E	Madera	8	Montaña	NE	Tierra
4	Viento	SE	Madera	7	Lago	O	Metal
9	Fuego	S	Fuego	6	Cielo	NO	Metal

HEMISFERIO SUR

GRUPO DE VIDA ORIENTAL: Yang				**GRUPO DE VIDA OCCIDENTAL:** Yin			
Número ming gua	**Nombre del trigrama**	**Dirección**	**Elemento**	**Número ming gua**	**Nombre de trigrama**	**Dirección**	**Elemento**
1	Agua	S	Agua	2	Tierra	NO	Tierra
3	Trueno	O	Madera	8	Montaña	SE	Tierra
4	Viento	NO	Madera	7	Lago	O	Metal
9	Fuego	N	Fuego	6	Cielo	SO	Metal

Si coloca su cama, escritorio o silla favorita en la dirección que es favorable para usted, atraerá energía positiva hacia su vida. Se dará cuenta de que, si se sienta en su oficina o se para en su taller de trabajo en la posición de su dirección de suerte, se podrá concentrar mucho mejor y todo esto le traerá más suerte. Si coloca su cama en una posición en donde su cabeza descansa hacia su dirección de suerte, podrá dormir mucho mejor y descansar.

LECTURAS ADICIONALES

Blofeld, J. *I Ching: The Book of Changes*. Mandala Books (Unwin), London, 1980 reprint.

Lawler, J. *Dragon Insights: A Simple Approach to the I Ching*. Simon & Schuster, Sydney, 2001.

Legge, J. *I Ching: Book of Changes* (trans.). Gramercy Books, New York, 1996.

Schoenholtz, L. *New Directions in the I Ching: The Yellow River Legacy*. University Books Inc., Secaucus, New Jersey, 1974.

Toropov, B. *I Ching for Beginners*. Writers and Readers Publishing Inc., New York, 1996.

Tzu, Lao. *Tao Te Ching*. Penguin, London, 1983 reprint.

Watts, A. *Tao: The Watercourse Way*. Penguin, New York, 1981 reprint.

Wilhelm, R. *I Ching or Book of Changes (trans.)*. Routledge & Kegan Paul, London, 1980 reprint.

RESPUESTAS DE LOS EJERCICIOS DEL MANUAL

Página 21:   Yin, yang, yin, yang, yin, yang, yin, yang.

Página 85:   *1)* Hexagrama 29, Kan

      2) Dos caras, un sello; una cara, dos sellos; dos caras, un sello; tres sellos; tres caras; una cara, dos sellos.

Página 87:   *1)* Dos caras, un sello; tres caras; dos sellos, una cara; tres sellos; dos sellos, una cara; dos caras, un sello.

      2) Amarillo; azul; amarillo; azul; verde; verde.

Página 103: *1)* Hexagrama 59, Huan.

      2) i. Sí, ii. Sí, hexagrama 28, Da Guo, del hexagrama nuclear grupo 1.

      3) i. Hexagrama 24, Fu, de hexagrama nuclear grupo 2.

      ii. Éxito a medida que las líneas móviles son apoyadas por la línea inferior de yang.

      iii. Trueno (inferior), tierra (superior).

      iv. El trueno es el hijo mayor y la tierra es la madre.

GLOSARIO

Bagua: una configuración de ocho trigramas y sus números correspondientes, que también se le conoce como la "tabla universal", que representa el universo y la vida.

Ben gua: (chino) el hexagrama original, antes de la formación del **hexagrama progresado** (ver también **hexagrama**).

Chi: ver **Qi**.

Dui: el trigrama del lago, también conocido como "el jubiloso".

Elementos: existen cinco elementos que son la base de la filosofía taoísta china: metal, agua, madera, fuego y tierra. Se cree que todo sobre la tierra, incluyendo al ser humano, es una combinación de estos cinco elementos.

Feng shui: el arte chino de la ubicación de los objetos en el hogar y los alrededores del medio ambiente para la estimulación del flujo positivo de la energía, o qi.

Gen: el trigrama de la montaña, también conocido como "la calma", "lo estable", y "el revolucionario".

Gua: (chino) los **trigramas**.

Hara: ver **tantien**.

Hexagrama: un conjunto de seis líneas móviles y seis sólidas que indican varios principios espirituales fundamentales. Cada hexagrama está compuesto por dos **trigramas**. Existen tres tipos de hexagramas, el primero o **hexagrama original**, el **hexagrama progresado** que se construye dependiendo si el hexagrama original contiene líneas mutantes, y el **hexagrama nuclear**, que se construye de dos trigramas conformados de las cuatro líneas centrales del primer hexagrama.

Hexagrama cerrado: ocurre cuando un hexagrama no contiene ninguna línea mutante. Esto quiere decir que la respuesta a una pregunta es muy definida y específica y la situación que usted está tratando es fija.

Hexagrama nuclear: también conocido como hu gua, este tipo de hexagrama se construye de dos hexagramas nucleares "ocultos" dentro del hexagrama original. Este hexagrama indica el significado oculto o los orígenes de una situación. Todos los hexagramas nucleares eventualmente se reducen a cuatro grupos de hexagramas, agrupados bajo el hexagrama 1 (qian), Hexagrama 2 (kun), hexagrama 63 (ji ji), y el hexagrama 64 (wei ji).

Hexagrama progresado: también conocido

como zhi gua, este hexagrama comprende las líneas sólidas del hexagrama original (ben gua) y las líneas mutantes de yin a yang o de yang a yin.

Hu gua: (chino) el hexagrama nuclear.

I Ching: tiene varias traducciones, "el libro de las mutaciones", o "el clásico del cambio". Es, quizá, la escritura más antigua que existe sobre la filosofía, cosmología, adivinación, y autotransformación en la civilización china. Muchas veces se le ha llamado la espina dorsal de la medicina tradicional china y del feng shui.

Kan: el trigrama del agua, también conocido como "el cauteloso", "la profundidad", "el peligro" o "lo abismal".

Kun: el trigrama de la tierra, también conocido como "el que responde".

Lao Tzu: (604-531 A.C.) Un gran sabio que escribió el Tao Te Ching.

Li: el trigrama del fuego, también conocido como "lo adherente".

Línea correcta de yang: cuando una línea yang se encuentra en la primera, tercera o quinta posición de un hexagrama.

Línea correcta de yin: cuando una línea yin se encuentra en la segunda, cuarta o sexta posición de un hexagrama.

Líneas mutantes: conocidas como líneas cambiantes; representan las situaciones en donde la energía yin o yang han alcanzado su punto máximo en una situación y se producirá un cambio, donde una lína yang cambia a una línea yin o una línea yin cambia a una línea yang. Las líneas mutantes indican un estado de transformación.

Orden creativo universal: es la manera como la naturaleza alterna entre la expansión y contracción yin y yang.

Qi: (también conocido como chi o ki) una energía invisible pero poderosa que fluye alrededor y dentro de todo en el universo. Es creado y estimulado por el equilibrio de dos formas extremas de energía conocidas como yang (masculino) y yin (femenino). Existen muchos niveles de qi, como el qi del cielo, el qi de la tierra, y el qi humano. Existen niveles de qi más íntimos, como el qi personal que refleja la energía que se mueve dentro de su cuerpo, pensamientos, emociones y personalidad. Cada órgano en su cuerpo tiene su energía particular de qi; por ejemplo, existe el qi del corazón y el qi del hígado.

Qian: el trigrama del cielo, también conocido como "el creativo" o "el iniciador".

Quelonomancia: el estudio de las grietas del caparazón de la tortuga, símbolo de la sabiduría acumulada durante una larga vida, para predecir el futuro.

San cai: (chino) se refiere a los tres tesoros o a la trinidad taoísta del cielo, tierra y humanidad. La línea superior del trigrama representa el cielo mientras que la línea inferior simboliza la tierra. La humanidad es representada por la línea central. También se le conoce como el principio de la trinidad de la unidad cósmica.

Sincronicidad: una palabra tomada por Carl Jung de sus estudios del I Ching, que se refiere a las situaciones en donde las cosas que parecen estar relacionadas suceden al mismo tiempo sin ninguna razón aparente.

Tantien: (chino) también conocido como **hara** en japonés, es nuestro gran centro de energía, a través del cual podemos contactar a nuestro ser superior.

Tao: el taoísmo, junto con el confusionismo y el budismo, es una de las grandes filosofías de China. Tao puede ser traducido como "sendero". El I Ching contiene la riqueza de la sabiduría taoísta, incluyendo las nociones taoístas del "todo" y de que todo en el universo hace parte de una continuidad.

Trigramas: existen ocho trigramas, que se creía que exponían los procesos divinos en la naturaleza y que ayudaban en el entendimiento del carácter de todo, se utilizaban para explicar la existencia de toda manifestación física, psicológica, natural y social. En un hexagrama, el trigrama inferior indica el origen de una situación y el superior indica la apariencia superficial del tema.

Xun: el trigrama del viento, también conocido como "lo suave".

Yin y yang: estas son dos grandes fuerzas primordiales de la naturaleza. De acuerdo a la filosofía taoísta china, todo ha sido creado por la interacción del yin y el yang. Estos gobiernan el ciclo del nacimiento, crecimiento y decaimiento de todas las cosas materiales, mentales y espirituales. Yin corresponde a lo femenino, la energía pasiva y la flexibilidad, y yang lo masculino, la energía activa y la firmeza de la voluntad.

Ying: (chino) significa "resonancia"; también existe resonancia, o ying, entre las líneas primera y cuarta, segunda y quinta y tercera y sexta de un hexagrama.

Zhen: el trigrama del trueno, también conocido como "el despertar".

Zhi gua: (chino) el hexagrama progresado.

ÍNDICE

ÍNDICE